내 삶을 바꾸는 인생역전의 지혜

전쟁에서 배우는 인생 전략

내 삶을 바꾸는 인생역전의 지혜

전쟁에서 배우는 인생 전략

최중경 지음

한울

차례

제2부 승패를 가르는 결정적 한 수

전술적 지혜와 실행

제3부 승리 그 이후

지속 가능한 성공을 위한 지혜

서문

/

전쟁 속에 성공을 만드는 지혜가 있다

전쟁은 병력과 장비를 동원하여 적군과 싸우는 행위이다. 전쟁에서 이기려면 적군의 전투역량과 움직임을 정확히 파악하여 병력과 장비를 합리적으로 배치해야 하고 장비, 탄약, 유류, 식량을 원활하게 보급할 수 있는 루트와 수송수단을 확보해야 한다. 따라서 전쟁 지휘관은 여러 가지 의사결정을 적절한 타이밍에 합리적으로 내려야 한다. 그래야 전쟁을 승리로 이끌 수 있다.

인생을 들여다보면 사람들은 크고 작은 경쟁을 겪으면서 여러 가지 의사결정을 하게 된다. 강도의 격차는 크지만 인생과 전쟁은 비슷한 측면이 많다. 회사는 시장점유율을 높이기 위해 경쟁사들과 각축을 벌여야 하고 경쟁에서 탈락하면 문을 닫아야 하니 전쟁을 치르고 있다고 해도 지나친 말이 아니다. 그러므로 역사의 흐름에 영향을 준 주요 전쟁의 수행과정에 함축되어 있는 경험과 지혜를 일상생활에 빌려 쓴다면 올바른 의사결정을 위해 고뇌하는 시간을 줄일 수 있을 것이다.

이해를 돕기 위해 두 가지 예를 들겠다.

하나는 미드웨이 해전이다. 경영도 전쟁도 보안이 중요하다. 그리고 상대방의 움직임을 미리 아는 것이 유리하다. 기술 보안에 실패해서 경쟁사로 핵심기술이 유출되면 자사 제품이 경쟁력을 잃어 회사가 문을 닫을 위기를 맞는다. 하지만 경쟁사의 판매 전략을 미리 파악하면 선제적으로 맞불작전을 펴서 경쟁사의 판매 전략을 무력화시킬 수 있다.

태평양 전쟁의 흐름을 바꾼 미드웨이 해전에서 일본 해군은 전력이 우세했지만 출전한 항공모함 4척이 모두 격침되면서 미국 해군에 대패했다. 보안에 실패하여 일본 함대의 동선이 미군에 노출되었고, 전투 당일 정찰활동을 소홀히 해 상대방의 움직임을 놓쳤기 때문이다.

미군은 일본군의 암호를 해독하는 데 성공해 일본 함대가 미드웨이를 공격할 시점과 공격 개시 지점을 사전에 알아냈다. 미군 함대는 일본 함대가 들어오는 길목에 매복하고 있었지만 기상상태에 따라 가시거리가 제한될 수 있었다. 따라서 상대방 함대의 정확한 위치를 파악하는 것은 전투 당일의 항공정찰에 달려 있었다. 다시 말해 일본 함대의 동선이 사전에 노출되었더라도 일본군이 승리할 수 있는 가능성은 여전히 남아 있었던 것이다.

미군 함대는 일본 함대가 접근하는 방향으로 많은 수의 정찰기를 내보냈고, 일본 함대를 먼저 발견하고 먼저 공격함으로써 결정타를 날렸다. 만약 일본 함대가 미드웨이 근방으로 접근하면서 항공정찰을 철저히 했더라면 매복한 미군 함대를 먼저 발견하고 먼저 공격해서 승리를 거둘 수도 있었을 것이다. 그러나 일본군 지휘부는 암호가 해독 당했을 가능성은 꿈에도 생각하지 않았기에 미군 함대가 근처에 있을 가능성을 무시했다. 진주만 공습 때와 같이 기습에 성공할 것이라고 굳게 믿었기 때문에 전투 당일의 정찰활동을 소홀히 하는 실수를 범했던 것이다.

다른 하나의 사례는 나폴레옹이 벌인 전투이다. 전쟁도 경영도 창의성을 발휘하면 성공할 가능성이 높다. 군사천재로 불리는 나폴레옹은 여러 전투에서 병력의 열세를 극복하면서 승리를 거두었다. '치밀한 작전계획으로 적군을 2개의 그룹으로 분리시키고 기병의 빠른 기동력과 포병의 화력 집중을 통해 하나씩 순차적으로 적군을 각개격파'하는 새로운 작전개념(군사학에서는 이 개념이 '중앙배치전략Strategy of Central Position'으로 정립되어 있다)을 창안하고 실행에 옮겼기 때문이다. 자동차 왕 헨리 포드는 작업 표준화를 통한 분업과 컨베이어 벨트를 이용한 조립생산방식을 처음으로 도입해 '대량생산을 통한 원가절감'을 이루면서 경영자로 크게 성공했다.

전쟁 지휘관은 사전에 작전계획을 세밀하게 세우지만 상대방은 예상대로 움직이지 않는다. 그뿐 아니라 소통 부족으로 아군까지 작전계획대로 움직이지 않을 수도 있다. 이 같은 혼돈 상황에서 지휘관은 어려운 의사결정을 신속하게 내려야 한다. 따라서 지휘관은 사고능력과 경험, 지식, 그리고 직관과 결단이 요구되는 자리이다.

역사의 흐름을 바꾼 주요 전투를 주도한 지휘관의 의사결정 과정을 분석하다 보면 인생에 적용할 수 있는 지혜를 찾아낼 수 있다. 그렇기 때문에 전투기록을 연구하고 분석하는 것은 의미 있는 작업이다. 그러나 군사용어에 익숙하지 않고 전문적인 내용이 많으므로 전투에 담긴 인생의 지혜를 추출하여 일상생활에 적용하는 것은 쉬운 일이 아니다.

이 책을 쓰게 된 동기는 경영학과를 졸업하고 육군 초급장교로 근무할 때 주요 전투에 관한 기록을 읽으면서 '전투는 가장 치열한 경영행위이자 가장 치열한 삶의 방식'이라는 인식을 가지게 된 데서 비롯된다. 역사의 흐름을 바꾼 주요 전투로부터 인생을 성공적으로 사는 지혜를 추출해 내고 다듬어서 여러 사람과 공유하는 것은 큰 의미가 있을 것이라고 생각했다.

이 책은 행동양식과 의사결정 지침을 다루고 있기 때문에 리더십에 관한 부분은 언급하지 않았다. 군 지휘관의 리더십 역시 민간 분야의 리더십에 좋은 참고가 된다는 관점에서 에드거 퍼이어Edger F. Puryear의 저서『명장의 코드American Generalship』(한울, 2012)를 소개한다. 리더 자리에 있거나 리더가 되길 희망하는 사람이 이 책과 함께 읽으면 시너지 효과를 거둘 수 있을 것으로 기대된다.

미국의 싱크탱크인 헤리티지재단Heritage Foundation에 몸담고 있을 때 미국 동료가 하루는 작심한 듯 물었다. "너희 한국 정부는 왜 그렇게 나이브한가?" 사실 한국 정부가 중요한 국제 현안에 대응하는 것을 보면 순진하다는 느낌을 받을 때가 종종 있다.

트럼프 대통령은 2024년 선거 기간 중에 한국을 "머니 머신Money Machine"이라고 부르면서 방위분담금을 크게 늘려야 한다고 했다. 그러자 한국 정부는 미국 대통령 선거 결과가 나오기도 전에 서둘러 바이든 행정부와 새로운 방위금 분담 협정을 체결했다. 방위금 분담 협정은 어느 한쪽의 대통령이 재협상을 요구할 수 있는 행정협정이기 때문에 새로운 미국 대통령이 취임한 이후에 협정을 다시 체결하는 것이 전략적으로 옳다. '2×2 게임모델'로 간단히 도출되는 정답이 있는데 왜 트럼프 대통령에게 미운 털 박힐 일을 자초했는지 이해가 가지 않는다.

조선 500년 동안 중국의 제후국으로서 중국 이외의 국가와는 교류를 하지 않아 국제 외교에 관한 축적된 지식과 경험이 부족한 것이 오늘날 부담으로 작용하고 있다. 암기 위주의 부실한 역사교육 때문에 역사적 사건을 분석하고 토론하며 전략적 사고능력을 다듬는 훈련을 제대로 받아본 적이 없는 것도 개인이나 나라의 장래를 위해 불행한 일이다.

이 책이 인생을 성공적으로 살기 위한 지혜를 함양하고 전략적 사고 능력을 기르는 데 보탬이 되기를 희망한다.

끝으로 이 책을 출간해 준 한울엠플러스의 김종수 대표와 원고를 깔끔하게 다듬어준 신순남 팀장께 감사를 드린다. 몇 가지 주제는 ≪동아비즈니스리뷰DBR≫에 게재되었던 원고를 다시 손질해 이 책에 포함시켰다. ≪동아비즈니스리뷰≫의 김남국 대표와 배미정 차장께도 감사를 전한다.

제1부

＼

성공하는 사고방식

전쟁에서 배우는 전략적 통찰

| 게임이론을 알면 성공 가능성이 높아진다

의사결정을 할 때 그 의사결정에 영향을 받고 반응하는 상대방이 존재하는 경우, 즉 의사결정 주체 간에 상호의존성이 존재하는 상황을 게임 상황이라고 한다. 기업을 경영하든 정부를 운영하든 가정을 꾸리든 간에 늘 여러 가지 의사결정을 해야 하는데, 선택 가능한 대안을 마련하고 대안별로 이해관계자들의 반응을 예측하여 가장 합리적인 의사결정을 할 수 있도록 도와주는 수학적 사고의 틀이 바로 게임이론이다.

2024년 미국 대통령 선거 유세에서 트럼프 후보는 "한국은 머니 머신Money Machine(부유한 나라를 의미한다)이니까 주한미군 방위비 분담규모를 크게 늘리겠다"라고 했다. 이에 한국 정부는 바이든 행정부와 방위비 분담 협상을 서둘러 타결했는데 미국 대선 전에 타결한 것이 유리한 선택이었을까?

이 의사결정 문제에 대한 정답은 비교적 간단한 '2×2 게임 모델'을 이용해서 설명할 수 있다. 정답은 '미리 타결하지 않고 기다린다'이다. 미리 타결하면 트럼프 후보 입장에서는 자신을 피하기 위한 꼼수라고 생각해 당연히 재협상을 요구할 것이고, 기다렸다가 협상하는 것보다 더 거칠게 나올 것이다. 해리스 후보 입장에서 보면 미리 타결해도 좋고 미리 타결하지 않고 대선 결과를 기다린다고 해도 문제될 것이 없다. 그렇기 때문에 미리 타결하지 않고 기다리는 것이 우월한 전략이었다.

기업이 신제품을 시장에 내놓을 때면 경쟁 기업이 유사한 신제품을 내놓을지 여부가 기업의 향후 비즈니스 플랜을 짜는 데 영향을 미친다. 만일 경쟁 기업의 현금흐름이 좋지 않아 경쟁 기업이 신제품 제조라인을 도입하는 것을 부담스러워한다면 자사 신제품의 라이프 사이클을 길게 잡아도 될 것이다. 반면 경쟁 기업이 신제품을 내놓는 데 아무런 걸림돌이 없을 만큼 상황이 좋다면 자사 신제품의 라이프 사이클을 상대적으로 짧게 잡고 계획을 세워야 할 것이다.

전투 현장에서도 게임이론은 유효하다. 전술에서는 기만과 기습을 강조한다. 기만을 통해 적이 예상하지 못한 장소와 시간에 적을 기습함으로써 적이 제대로 대응하지 못하도록 하는 것이다. 게임이론의 틀에서 보면 기만과 기습이 항상 성공하는 것은 아니다. 적이 눈치를 챘는지 여부와 적에게 정보가 누설되었는지 여부에 따라 성공과 실패가 교차된다. 적이 상황을 모르는 경우에는 기만과 기습이 큰 승리를 가져오겠지만, 아군의 의도가 적에게 노출되었을 경우에는 길목에서 기다리는 적의 매복에 걸려 오히려 전멸 위기에 빠질 것이다.

태평양 전쟁의 주요 고비를 들여다보면 미군은 게임이론의 기초를 이해하고 있었던 것처럼 보이지만, 일본군은 게임이론의 기초를 이해하지 못했던 듯하다. 일본군은 불확실성이 존재하는 유동적인 상황을 낙관적인 상황으로 고정하는 경향을 보였고, 상대방의 반응에 따라 여러 가지 시나리오로 대응하기보다는 상대방의 반응을 아전인수 격으로 단정하는 오류를 범했다.

태평양 전쟁을 기획한 도조 히데키

야마모토 이소로쿠 제독은 미국 하버드 대학교에서 공부했고 미국 주재 일본대사관 해군무관으로 근무했던 경험이 있는 인물로, 미국의 산업역량을 잘 알고 있었다. 태평양 전쟁이 기획될 때 야마모토 제독과 같이 미국을 잘 아는 사람들은 일본이 미국을 이길 수 없다는 의견을 제시했다. 그러나 도조 히데키가 이끄는 강경세력은 다음과 같은 전제를 내세우며 태평양 전쟁을 강행했다.

첫째, 유럽에서는 독일이 승리할 것이다.
둘째, 평화 분위기에 젖은 미국은 개전 초기에 큰 타격을 입으면 협상을 시도할 것이다.

태평양 전쟁에 반대했던 야마모토 제독은 암살의 위협을 느꼈고, 할 수 없이 태평양 전쟁으로 끌려 들어갔다. 그는 단기전으로 미국의 기세를 꺾은 뒤 미국으로 하여금 협상에 응하도록 하려고 진주만 기습계획을 입안했다.

진주만 기습계획은 위에서 언급한 두 가지 전제가 성립된다는 가정 아래 만들어졌다. 그러나 첫째 전제부터 이미 흔들리고 있었다. 진주만 공습이 이루어진 시점인 1941년 12월 7일 이미 독일군의 모스크바 점령 작전(바르바로사 작전)이 실패했고 독일군이 밀리기 시작했다.

일본군 지휘부는 진주만 기습계획을 실행에 옮기는 최종 순간까지 필요한 정보를 수집했어야 했는데, 희망사항을 기정사실화하다 보니 정보 수집을 게을리 했다. 일본이 독일에 주재하는 외교관과 기자들, 그리고 소련에서 암약하는 스파이 조직을 활용했다면 동부전선의 불리한 전투 상황을 파악하고 진주만 기습계획을 재고했을 것이다. 일본의 운명이 걸린 중대한 사안을 앞두고서도 정보 수집에 실패한 일본군 지휘부의 어설픈 행적은 이해하기 어렵다.

둘째 전제도 틀렸다. 진주만 공습은 미국인들을 단합시켜 미국으로 하여금 전쟁을 통한 응징에 나서게 만들었다. 즉, 미국을 유럽전선에 참여시킨 것이다. 미군이 유럽전선에 참여하게 되면서 첫째 전제인 '유럽에서의 독일 승리' 가능성을 무산시키는 정반대의 결과가 초래되었다. 히틀러는 동부전선의 부담을 덜어내기 위해 일본군이 극동에서 소련을 공격해 주길 희망했지만 미국의 경제제재를 받고 있던 일본은 남태평양에서 자원을 확보하는 데 최우선순위를 두고 있었다.

일본군 지휘부는 게임 상황이나 게임이론의 기초를 전혀 이해하지 못했던 것으로 보인다. 상대방의 반응을 제멋대로 예측했으며 상대방이 다른 방향으로 움직일 가능성에 대한 대비책을 세우지 않았다. 자신들이 전혀 통제할 수 없는 유럽 전장의 결과를 예단한 것은, 수학적으로 얘기하면 변수를 상수로 또는 주어진 조건으로 인식하는 오류를 범한 것이었다.

일본군 지휘부는 첫째, 독일이 승리하고 미국이 협상에 임할 경우, 둘째, 독일이 승리하고 미국이 전쟁에 나설 경우, 셋째, 독일이 패전하고 미국이 협상에 임할 경우, 넷째, 독일이 패전하고 미국이 전쟁에 나설 경우의 네 가지 상황이 가져올

이득과 손실에 대해 면밀하게 검토하고 전쟁 개시 여부를 결정했어야 했다. 그랬다면 넷째 상황이 일본에 감당하기 어려운 고난을 초래할 것임을, 그리고 이미 독일군이 소련군에 밀리고 있는 상황을 감안한다면 미국의 요구대로 중국에서 철수하는 것밖에 선택지가 없음을 알게 되었을 것이다.

일본은 게임이론의 기초에 입각해서 의사결정을 내리지 않았기 때문에 무수한 인명을 희생했고 국토가 피폐해졌을 뿐 아니라 역사상 최초로 원자폭탄에 피폭되었다.

같은 맥락에서 볼 때 남북전쟁 당시 게티즈버그 전투도 잘못 기획된 전투였다. 북진작전을 제안한 로버트 리Robert E. Lee 장군은 남군이 북부의 후방지역에서 결정적인 승리를 거두고 수도 워싱턴을 위협하면 반전여론이 득세해서 연방정부가 협상에 나설 것이라는 전제를 내세웠다. 그렇지만 이 전제에는 세 가지 의문점이 있었다. 첫째, 남군이 북부 깊숙한 지역에 고립된 상태에서 결정적인 승리를 거둘 가능성이 얼마나 큰가? 둘째, 설사 남군이 한 번 이긴다 하더라도 계속해서 워싱턴을 위협할 만한 공격능력을 유지할 가능성이 있는가? 셋째, 남군이 한 번의 전투에서 이기고 워싱턴을 위협한다고 해서 연방정부가 협상 테이블에 앉을 것인가?

냉정하게 생각해 보면 세 질문 모두 '그럴 가능성은 0에 가깝다'가 정답이다. 리 장군 역시 태평양 전쟁을 기획한 일본군

대본영처럼 전투 결과를 예단하고 상대방의 반응을 아전인수격으로 단정하는 오류를 범했던 것이다.

복수작전을 기획한 니미츠 제독

야마모토 제독은 과달카날 전투에서 미군에 패배한 이후 침체 분위기에 빠진 장병들의 사기를 북돋기 위해 뉴기니 전선을 방문하기로 했다. 일부 참모들이 위험하다고 만류했지만 야마모토 제독이 강한 의지를 보여 결국 폭격기 2대와 호위 전투기 6대를 동원해 부건빌 지역을 방문하기로 했다. 참모장 우가키 마토메 중장은 호위 전투기 숫자를 늘리자고 주장했지만 야마모토 제독은 이를 받아들이지 않았다. 그러자 위험한 지역에 사령관 혼자 보낼 수 없다면서 동행을 자원했다.

미드웨이 해전 이후 일본군의 암호를 해독하고 있던 미 해군은 감청을 통해 야마모토 일행의 비행일정을 파악하게 되었다. 이로써 태평양 전쟁은 중요한 고비를 맞았다. 야마모토 제독을 제거한다면 일본군과 일본 국민의 사기에 부정적인 영향을 크게 미칠 것이 분명했다. 미국 태평양함대의 사령관 니미츠 제독은 처음에는 암살 공격을 망설였지만 윗선에 상황을 보고한 후 야마모토 암살 작전을 짰는데, 암호명이 '복수

Vengeance'였다. 즉, 진주만 기습작전을 기획한 야마모토 제독에게 복수하겠다는 의미였다.

작전계획을 짜는 과정에서 한 가지 문제가 생겼다. 부건빌이 멀리 떨어져 있어 왕복 항속거리를 감당할 만한 전투기가 해군에는 없었던 것이다. 그런데 육군 항공대가 보유한 쌍발 전투기인 P-38에 보조 연료탱크를 장착하면 부건빌 상공에서 10분 동안 머무를 수 있었다. 미군 지휘부는 야마모토가 시간을 엄수하는 성격이기 때문에 약속된 스케줄대로 부건빌 상공에 나타나리라고 예상했고 호위 전투기가 6대밖에 안 되므로 작전이 성공할 것이라고 확신했다. 신중한 일본군 지휘부도 부건빌 북쪽으로 멀리 돌아가는 항로를 설정하여 만약의 사태에 대비했지만 P-38 전투기에 보조 연료탱크를 장착하면 부건빌도 약 10분 동안 P-38 전투기의 작전 반경에 들어온다는 사실은 미처 파악하지 못한 상태였다.

1943년 4월 18일 P-38 전투기 요격편대는 부건빌 상공에 도착해서 매복하고 있다가 정확하게 예정 시각에 나타난 일본군 비행 편대를 급강하하면서 요격했다. 6대의 일본군 호위 전투기가 분전했지만 P-38 전투기 16대로 구성된 요격편대를 저지하기에는 역부족이었다. 이러한 긴급 상황을 지상에서 지켜보던 일본군 지휘관들은 전투기들을 긴급 발진시키느라 기민하게 움직였지만 공중전은 이미 종료되었고 P-38 전투기들은 신속히 퇴각했다.

야마모토 제독이 탑승한 폭격기는 P-38 전투기들의 집중사격을 받고 격추되어 야마모토 제독은 현장에서 즉사했다. 우가키 참모장이 탑승한 폭격기도 피격되어 바다로 떨어지면서 불시착했다. 우가키 참모장은 중상을 입었지만 생명은 건졌다. 일본은 야마모토 제독의 전사 사실을 한참 동안 숨기다가 발표했고 성대한 국장으로 예우했다. 하지만 야마모토 제독의 사망은 일본군과 일본 국민에게 적지 않은 충격을 주었다.

야마모토 이소로쿠 제독을 암살하는 작전에 나선 미군 지휘부는 게임 상황과 게임이론의 기초를 이해하고 있었다는 느낌을 준다. 미군 지휘부는 작전을 기획하면서 야마모토 암살 작전이 성공할 경우 일본군은 미군이 암호를 해독한 사실을 눈치 채게 될지 모른다고 걱정했다. 그래서 작전이 성공한 이후 일부러 P-38 편대를 부건빌 근처로 여러 번 내보내 야마모토 요격을 "초계비행 중 일어난 우연한 충돌"로 위장하려고 시도했다. 그리고 야마모토 암살 작전이 성공한 후에도 아무런 발표 없이 일절 함구하며 일본군의 의심을 피하기 위해 노력했다.

미군은 상대방의 반응을 예상하고 대응책을 마련하기 위해 노력했다고 볼 수 있는데, 이는 '적군과 아군의 의사결정이 상호의존적'이라는 게임 상황을 이해한 듯 보인다.

미군은 한 발 더 나아가 일본군도 미군의 암호를 해석할 수 있다는 가정하에 통신체계에 변화를 주었다. 미군은 아메리카 원주민인 나바호Navajo족의 청년들을 통신병으로 훈련시켜 그들의 언어를 사용해 통신을 하도록 통신체계를 구축했다. 일본군이 미군의 암호를 해독할 소지를 완벽하게 차단했던 것이다. 이러한 혁신적인 조치 역시 게임이론의 기초를 이해하고 있었다는 유력한 방증이다. 나바호족 통신병의 이야기는 사이판 전투를 그린 영화 〈윈드 토커〉(2002)에서도 다루어졌다.

쓰시마 해전의 도고 헤이하치로 제독

쓰시마 해전은 일본 해군이 러시아 발틱 함대를 상대로 완벽한 승리를 거둔 전쟁으로, 러일전쟁이 일본군의 승리로 끝나는 데 결정적으로 기여한 전투였다.

도고 제독이 이끄는 일본 함대의 과제는 발틱 함대가 블라디보스토크로 입항하기 전에 이를 포착해서 발틱 함대를 섬멸하는 것이었다. 그런데 레이다도 없었고 항공기 정찰도 없는 시대였기 때문에 발틱 함대를 발견하는 것은 쉽지 않은 과제였다.

우선 발틱 함대가 대한해협을 통과해서 블라디보스토크로 갈 것인지 아니면 멀리 일본열도 남쪽으로 우회하여 항해할 것인지부터 알아내야 했다. 여기서 도고 제독은 발틱 함대가 영국, 프랑스, 독일의 견제를 받고 있다는 사실에 주목했다. 다시 말해 발틱 함대가 지구를 반 바퀴 돌아서 멀리 항해해 오는 과정에서 영국, 프랑스, 독일의 영향권에 있는 중간 기착지에 정박할 경우 별다른 협조를 받지 못해 연료나 식량이 부족할 수 있다고 추론했던 것이다.

도고 제독은 자신이 러시아 발틱 함대의 지휘관이라면 어떤 선택을 할 것인지 고민했다. 최단거리 항로를 선택해야 하지 않을까? 설령 연료와 식량이 풍부하더라도 발틱 함대의 지휘관은 일본 함대의 전투력을 높이 평가하지 않으므로 일본 함대를 피하기 위해 굳이 먼 길로 돌아가지는 않을 것이라고 보아도 되지 않을까?

고민 끝에 도고 제독은 발틱 함대가 대한해협을 통과할 것이라고 판단하고 한반도의 남쪽 항구에 함대 주력을 배치했다. 그런 후 대한해협에 흩어져 있는 척후선들이 러시아 함대를 발견하길 기다렸다. 드디어 척후선이 발틱 함대를 발견했다는 보고가 들어왔다. 러시아 수병이 갑판에서 담배를 피웠는데 반짝이는 한 점의 불빛을 시력 좋은 일본 해군 견시병이 포착했던 것이다. 예상대로 대한해협에서 러시아 함대를 발견했다는 보고를 받은 도고 제독은 함대를 이끌고 출항하여 발틱 함대를 공격해 큰 승리를 거두었다.

도고 제독이 작전계획을 수립한 과정을 보면 적군이 처한 상황을 분석하고 적군 지휘관의 의사결정 방향을 정확히 예측하여 대응책을 마련했다는 것을 알 수 있다. 도고 제독은 게임이론의 기초를 이해하고 있었다고 보아도 될 것 같다. 『손자병법』에 나오는 "지피지기 백전불태知彼知己 百戰不殆", 즉 "아군과 적군을 알면 절대로 위태로운 상황으로 몰리지 않는다"는 말은 결국 게임이론의 기초인 '의사결정의 상호의존성'을 암시한 것이 아니었을까?

감정을 컨트롤해야 한다

똑같은 계획안을 보고해도 누가 보고하느냐에 따라 결과가 달라지는 경우가 적지 않다. 설명하는 능력의 차이 때문이라면 어느 정도 납득이 가지만, 사장이 총애하는 사람이 보고하면 통과되고 사장이 탐탁치 않게 여기는 사람이 보고하면 반려된다면 문제이다. 사장의 기분이 좋을 때는 오케이 사인이 많이 나오고 저기압이면 빨간불이 많이 켜져도 문제이다.

국가이든 회사이든 조직의 리더는 감정을 컨트롤할 줄 알아야 한다. 개인도 마찬가지이다. 심리적으로 불안정하거나 화가 난 상태에서 결정을 내리면 두고두고 후회할 일이 생길 수 있다. 리더는 항상 심리적으로 차분한 상태를 유지하고 누가 어떻게 보고하든 보고내용의 실체를 파악하고 장점과 단점, 예상되는 문제점과 불확실성의 정도를 정확히 이해하고 결심해야 한다. 화가 나서 심리적으로 안정되지 않은 상태에서는 중요한 결정을 미루는 것이 좋다.

감정을 컨트롤하지 못해 잘못된 의사결정을 내리는 바람에 전투에 지고 패가망신한 경우는 적지 않다. 나폴레옹은 1815년 워털루 전투에서 승리할 수 있는 기회를 스스로 차버리고 패배했다. 워털루 전투 전날 비가 내려서 포병진지의 배치가 지연되고 개전 시간이 늦어졌다. 만약 제때 전투가 시작되었다면 나폴레옹은 프로이센 군대가 영국군과 합류하기 전에 영국군을 궤멸하고 승리를 거두었을 것이다. 전날 내린 비로 나폴레옹이 승리하기 어려워졌지만 나폴레옹이 승리를 거머쥘 수 있는 기회가 없었던 것은 아니다. 그러나 감정에 치우쳐 잘못된 의사결정을 하는 바람에 기회가 날아갔고 나폴레옹은 몰락의 길로 몰렸다.

워털루 전투에서 분노한 나폴레옹

1815년 6월 치러진 워털루 전투에서 프랑스군 총사령관은 역전의 명장 미셸 네Michel Ney 원수였다. 네는 나폴레옹과 같이 장군으로 진급했던 유능하고 용감한 군인이었는데, 병과는 기병이었다.

나폴레옹이 이끈 거의 모든 전투에서 네가 펼친 용맹한 활약은 이론의 여지가 없을 정도로 출중했다. 통상 총사령관은 보병 출신 장군이 맡는데, 기병 출신인 네가 임명된 배경은 다음과 같다. 장드디외 술트Jean-de-Dieu Soult 원수가 참모장으로 임명되면서 마땅한 보병 출신 장군이 없었고, 네는 러시아에서 후퇴할 때 후미를 책임지고 러시아군의 거센 추격을 뿌리친 이후 나폴레옹으로부터 두터운 신임을 받고 있었기 때문이다.

워털루 전투에서 네 원수는 기병대를 이끌고 영국군 포병 진지로 돌격하는 기상천외한 전술을 구사했다. 결과는 일단 성공적이어서 영국군 포병진지를 점령하며 기세를 올렸다. 그러나 기병대를 엄호해 줄 보병부대를 같이 이끌고 오는 것을 깜빡하여 기병대가 위기에 빠지게 되었다. 보병 출신이 사령관이었으면 절대로 있을 수 없는 실수였다. 이로 인해 프랑스 기병들은 영국군 포병진지에서 대오를 유지하지 못한 채 우왕좌왕하게 되었다.

멀리서 이 광경을 지켜보던 영국군 사령관 웰링턴 공작은 처음에는 자신의 눈을 의심했지만 후속하는 프랑스군 보병부대가 없는 것을 확인하자 뛸 듯이 기뻐하며 영국 기병대에 총공격을 명했다. 엉거주춤한 상태에서 대오를 가다듬은 프랑스 기병대는 최대속도로 들이닥친 영국 기병대의 반격을 받고 후퇴했다. 네의 기병대는 돌격 과정에서 영국군 포병이 쏘는 포탄에 노출되었고, 이로 인해 상당한 희생을 치른 채 빈손으로 돌아오고 말았다.

나폴레옹은 기병돌격이 실패했다는 보고를 받고 화가 머리끝까지 치밀어 올라 길길이 뛰었다. 아무런 소득 없이 알토란 같은 기병들이 죽어 나갔으니 포병과 기병을 효과적으로 운용하는 전략을 장기로 하는 나폴레옹이 흥분하는 게 무리는 아니었다. 머쓱해진 네 원수는 그러나 다시 힘을 냈다. 천신만고 끝에 영국군의 중앙을 돌파할 수 있는 기회를 만들어냈던 것이다. 잘 버티던 영국군의 중앙 수비가 흔들리는 모습이 포착되었고, 이곳으로 보병을 더 투입하면 영국군 방어선이 두 동강나며 붕괴될 수 있는 상황이었다.

그러나 네 원수에게는 추가로 투입할 보병 대대가 없었다. 네 원수는 급히 나폴레옹에게 전령을 보내 보병 대대 몇 개만 지원해 달라고 요청했다. 그때가 나폴레옹이 승기를 잡을 수 있는 절호의 찬스였다. 그러나 나폴레옹은 기병돌격 실패로 인해 폭발한 분을 그때까지 삭이지 못하고 있었다. 하긴 기병돌격 때 죽어나간 기병들이 살아 있어서 그들을 영국군 중앙으로 돌격시켰으면 간단히 방어선을 돌파할 수 있었을 것이다. 나폴레옹의 머릿속에도 이런 생각이 떠올랐을지 모른다. 나폴레옹은 분노에 찬 목소리로 이렇게 내질렀다. "나에게도 보병 대대가 없어!"

결국 네 원수는 밀어붙이는 힘이 부족하여 영국군 방어선 중앙을 돌파하지 못했고 승리의 기회는 날아갔다. 그러나 사실 나폴레옹은 황제근위대 소속 보병 대대를 14개나 보유하고 있었다. 그러므로 네 원수에게 5~6개의 보병 대대를 보내줄 수 있었는데도 감정에 치우쳐 일을 그르치고 말았다.

당시 프로이센 군대는 그루시가 이끄는 3만 3000명의 프랑스군 추격부대를 따돌리고 워털루에 도착했다. 프로이센 군대가 프랑스군의 오른편으로 쏟아져 들어오자 프랑스군의 대오가 무너졌다. 그제야 나폴레옹은 황제근위대 소속의 보병 대대들을 직접 인솔하여 네 원수에게 인계했다. 그러나 이미 시간은 나폴레옹의 편이 아니었고, 프랑스군은 패전의 고배를 마셨다.

나폴레옹은 감정을 추스르지 못하는 바람에 승전의 기회를 날리고 프랑스의 많은 젊은이들을 희생시켰다. 그리고 본인도 대서양의 외딴 섬 세인트헬레나에 유배되어 파란만장했던 삶을 마감했다.

칠천량 해전과 선조, 권율, 그리고 원균

1597년 8월 거제도와 칠천도 사이의 좁은 바다길인 칠천량

해협에서 무적을 자랑하던 조선 해군이 일본 해군의 야간 기습을 받고 전멸에 가까운 패배를 당하는 일이 있었다. 1592년 일본군이 한반도로 공격부대를 보낸 이후 조선 해군은 단 한 번도 패하지 않고 연전연승하며 제해권을 확실하게 장악했다. 조선 해군은 일본군이 서해바다를 보급루트로 이용하지 못하도록 견제했고, 이로써 일본군의 작전 반경은 경상도 해안지역에 한정되었다.

칠천량 해전의 패배는 조선 해군 사령관 이순신 제독이 물러나고 후임 사령관으로 부임한 원균 제독의 무능함에서 비롯된 것이긴 하지만 전후를 자세히 살펴보면 칠천량 해전이 있기까지 내려졌던 일련의 중요한 의사결정 과정에 심각한 흠결이 있었다는 것을 알 수 있다.

우선 선조는 일본 무장 가토 기요마사가 부산포로 온다는 첩보를 접한 뒤 앞뒤 진위를 가리지 않고 조선 해군의 부산포 공격을 명했다. 선조는 가토에게 원한이 있었다. 가토가 함경도에서 자신의 아들인 임해군과 순화군을 생포했을 뿐 아니라 한양에 들어와 종묘를 파괴하는 등 조선 왕조의 권위를 욕보였던 것이다. 선조는 가토 얘기만 나오면 치를 떨었고 반드시 가토를 붙잡아 그의 목을 종묘 제단에 바쳐야 한다며 분노했다.

부산포 공격이 자살행위라며 반대하는 이순신 제독을 파직하고 붙잡아다가 고문까지 했던 선조는 한마디로 왕이 되어서는 안 될 사람이었다. 중요한 군사작전을 수행하면서 적장 한 명의 목숨을 목표로 할 수는 없는 일이다. 군사작전은 세력 대 세력의 충돌이지 개인을 체포하는 것을 목표로 하는 행위가 아니다.

조선 해군의 가장 중요한 역할은 일본군의 해상 보급 루트를 봉쇄하는 것이었다. 그래야 서해 바닷길을 통해 일본군이 한양으로 진출하는 것을 막아 조선의 명줄을 보전할 수 있기 때문이었다. 이러한 정황을 정확하게 이해하고 있었다면 부산포 공격과 같은 위험한 작전, 게다가 가토를 잡기 위해 조선 해군 전체를 동원하는 작전을 지시할 수 있었겠는가?

선조는 중요한 의사결정을 하면서 왕답지 않게 자신의 감정에만 매달렸다. 가토에 대한 미움, 가토를 잡으라는 명령을 받들지 않는 이순신에 대한 미움이 결국 해전에 적합하지 않은 인물을 해군 총사령관에 앉히는 결과를 낳은 것이다.

선조는 원균이 부산포를 즉시 공격할 줄 알았지만 원균은 이런저런 이유를 대며 움직이지 않았다. 일본군이 경상도 해안가에 여러 성을 쌓고 요새화한 데다 거제도와 같은 중요한 길목에 있는 섬들도 점령하여 부산포로 가는 바닷길이 일본군에 완전히 장악되었기 때문이다. 조선 수군이 선불리 진출했다가는 일본 육군과 해군의 십자포화망에 갇힐 수도 있었다. 부산포 공격을 주장해 이순신을 밀어냈던 원균은 바닷가에 있는 일본 육군을 처리해야만 해군의 부산포 공격이 가능하다고 우기며 입장을 180도 바꾸었다.

가토를 놓칠까 봐 조바심을 내던 선조는 격노했고 조선군 총사령관 도원수 권율은 원균을 직접 찾아와 부산포 공격을 종용했다. 그래도 원균은 요지부동이었다. 그러자 감정이 격해진 도원수 권율이 원균에게 매질을 했다. 50살이 넘은 노장군이 부하들이 보는 앞에서 엉덩이를 노출하고 곤장을 맞았으니 원균의 심정이 어떠했을지 짐작조차 되지 않는다.

그 후 원균 제독은 멘탈이 완전히 붕괴되어 부하 장수들의 얼굴을 보는 것도 부담스러워 했다. 그러니 지휘통제 기능이 제대로 돌아가지 않았다. 이런 상황에서 원균 제독은 조선 해군 전체를 이끌고 부산포 공격에 나섰지만 해안가의 일본 육군과 일본 해군의 조직적인 협공 때문에 피해를 입고 물러났다가 다시 공격하기를 반복했다. 적당한 정박 지점을 찾기도 어려워 군사들이 제대로 된 휴식을 취하지 못한 채 열흘 이상 바다를 떠돌아야 했다.

그러다가 체력의 한계에 다다르자 조선 해군은 칠천량에 정박하려고 했다. 그러나 칠천량은 조선 해군의 대함대가 정박하기에 너무 좁았고 시야가 확보되지 않아 위험이 따르는 곳이었다. 부하 장수들이 반대했지만 곤장 맞은 후유증으로

몸과 마음이 정상이 아니었던 원균은 정박을 명했다. 하지만 결국 조선 해군은 일본군의 야습을 받았고 우왕좌왕 혼란에 빠졌다.

원균은 강력한 대포를 사용해 일본군의 포위망을 돌파할 수도 있었지만 탈출이 불가능하다고 판단했다. 지레 겁을 먹은 원균은 임진년 개전 초에 싸워보지도 않고 경상우수영의 판옥선들을 스스로 불 질러 태워 먹은 못된 행태를 칠천량에서 되풀이했다. 도주한 원균은 부하들과 함께 거제도로 상륙했으나 거제도에는 이미 많은 수의 일본군이 주둔하고 있었다. 곧 일본군 추격대가 원균 일행을 따라잡았고 원균은 큰아들과 최후의 저항을 했지만 일본군의 칼에 큰아들과 함께 목이 떨어졌다.

칠천량의 비극은 선조의 조바심과 분노에서 비롯되었고 격분한 권율의 매질에 이은 원균의 멘탈 붕괴로 완성되었다. 부산포 해전이 기획되고 실행된 경위와 칠천량의 비극에 이르기까지의 과정을 자세히 들여다보면 어디에도 이성적인 판단은 없었으며, 통제되지 않은 감정의 흐름이 모든 걸 좌지우지했다. 전투는 죽느냐 사느냐 하는 절체절명의 냉혹한 게임이다. 최대한 이성적이어야 승리할 수 있는 길이 보인다. 감정에 따라 결정을 내리면 승리할 수 있는 기회가 와도 놓치게 되고, 패배할 수밖에 없는 사지에 스스로를 밀어 넣을 가능성이 높다.

칠천량 해전에서 그나마 전투력을 유지하며 질서 있게 탈출한 부대는 경상우수사 배설이 지휘한 12척의 판옥선이었다. 이순신 제독이 이 판옥선 12척을 씨앗 삼아 조선 해군 사령관에 다시 임명되면서 조선 해군이 재건되었다. 명량 해전 직전 탈영한 배설은 군인으로서 큰 죄를 지어 참수형을 받았지만 PTSD(외상 후 스트레스 장애)에 노출되어 있었을 가능성을 참작해야 한다. 배설은 12척의 판옥선과 탑승병력을 유지하여 조선 해군의 명맥을 살려놓았고, 후퇴하는 와중에도 한산도 수군감영의 물자를 정리하고 백성들을 피난시켰다. 이 같은 배설의 공은 사후에 광해군이 공신으로 봉하고 병조판서를 추증하면서 인정받았다.

이 12척이 없었다면 육군은 육로로, 해군은 해로로 동시에 북상하는 히데요시의 수륙병진책이 성공했을 가능성이 높다. 칠천량 해전이 있은 지 2개월이 채 지나지 않은 1597년 10월, 이순신 제독이 지휘하는 조선 해군은 한양으로 상륙할 병력을 가득 실은 300척이 넘는 일본 함대와 명량의 좁은 물길에서 마주쳤다. 조선 해군은 단 13척으로 일자진을 구성하고 맞서 싸워 크게 승리하여 세계 해전사에 길이 남을 빛나는 역사를 썼다.

명량 울돌목의 물길이 좁다 보니 일본 함대 진형의 맨 앞에 있는 전함들만 전투에 참가할 수 있었다. 조선 해군은 함포가 월등히 강력했으므로 일본 함대의 제1열부터 제2열, 제3열, 차례로 각 열을 부숴나가는 식으로 전투를 진행했다. 그러다가 물길의 흐름이 바뀌자 일본 함대는 역류에 휘말리게 되었다. 이로 인해 일본 함대의 대오가 흐트러지고 일본 전함들이 서로 충돌하기 시작했고, 조선 해군 함포의 포탄세례와 충파 공격에 제대로 대응하지 못했다. 조선 해군은 산탄대포(조란탄을 장전한 총통)를 운용하여 일본 군함에 가득 실린 육군 병력의 머리 위로 탄환을 퍼부으면서 도륙했다.

정신력을 강조하면 실패한다

흔히 조직 구성원들의 분발을 요구할 때 "죽을 각오로", "이 자리에서 쓰러진다는 각오로"와 같은 격렬한 표현을 쓰면서 정신력을 강조하는 경우가 있다. 공사기일을 지키기 위해 삽과 곡괭이를 주고 죽을 각오로 땅을 파라고 시키면 정상적인 페이스로 작업할 수 있는 양을 훨씬 상회하는 성과를 낼 수 있는 것은 사실이다. 그러나 포크레인과 불도저를 투입하면 삽과 곡괭이로 죽을 각오로 판 것과는 비교할 수 없을 정도로 더 큰 성과를 내고 공사기일도 지킬 수 있다.

정신력을 강조하는 것은 경우에 따라 효율적인 방법을 외면하는 결과를 초래한다. 어려운 과제를 해결해야 할 때는 정신력을 강조하는 대신 신기술과 혁신적인 방법을 추구하는 것이 올바른 접근방식이다. 전투에서도 무조건 용감하게 싸우라고 하면 무의미한 희생만 늘어나 전투력이 고갈될 수 있다.

고금의 전투들을 살펴보면 정신 무장이 잘 되어 있으면 마치 승리가 보장되는 것처럼 무모하게 부대를 지휘하다가 크게 패한 사례도 있고, 신기술을 이용한 신무기를 통해 희생을 줄임으로써 승리한 사례도 있다. 정신력을 강조하다가 패배한 사례로는 할힌골 전투와 우금치 전투를 들 수 있고, 신기술을 도입해 승리한 사례로는 진포 해전과 행주산성 전투를 들 수 있다.

할힌골 전투와 태평양 전쟁

몽골과 만주국 사이의 국경분쟁이 빌미가 되어 1938년 5월에 발발한 할힌골 전투는 게오르기 주코프Georgy Zhukov 장군이 극동군 사령관으로 부임하여 새로운 전술을 구사하면서 일본 관동군에 큰 피해를 주었다. 일본 관동군은 기본적으로 소련군을 얕잡아 보았는데, 그 배경에는 30여 년 전에 치른 러일전쟁에서 승리한 경험이 자리 잡고 있었다. 그러나 볼셰비키 혁명 이후 소련은 산업화에 매진했고 군수산업이 크게 발전해 항공기와 전차 생산능력이 독일을 앞서고 있었다.

주코프 장군은 항공전력과 기갑전력을 입체적으로 운용하면서 기동전을 구사하는 종심작전 이론을 신봉하고 있었다. 반면 일본 관동군은 여전히 러일전쟁 시절의 착검 돌격을 중요시하는 전근대적 군대였다. 주코프 장군은 장비나 병력이 한 수 아래인 관동군을 상대하면서 관동군보다 더 많은 항공기와 전차를 동원했고 더 많은 병력을 투입했다. 일본 관동군 앞에 나타난 소련 극동군은 러일전쟁 당시의 러시아제국 군대와는 차원이 다른 현대화된 군대였다.

가장 큰 문제는 지상전의 주역인 전차 전력에서 관동군이 크게 열세였다는 것이다. 전차전 수행이 불가능한 수준이었다. 몰려오는 소련군 전차에 맞선 것은 일본군 전차도 대전차포도 아닌 수류탄과 화염병을 손에 든 일본군 보병 병사들이었다. 기술력 격차를 정신력으로 극복하려고 했던 것이지만 결과는 처참했다. 소련군은 종심작전을 펼치면서 전차의 기동력을 활용하여 관동군의 양 날개를 돌파한 후 관동군을 포위망에 가두고 섬멸했다.

할힌골 전투는 현대 전술이론으로 무장한 신식 군대와 돌격정신을 중시하는 구식 군대가 만나 한판 붙었다가 구식 군대가 처참하게 패배한 사례였다. 할힌골 전투에서 일본 관동군을 박살낸 소련 극동군은 더 이상 확전을 하지 않았다. 독일군이 폴란드를 침공하자 소련군도 폴란드를 침공하면서 전선을 동쪽과 서쪽에 모두 유지하기 어려웠기 때문이다. 일본 관동군으로서는 불행 중 다행이었다고 할 수 있다.

일본군 지휘부는 할힌골 전투의 참패원인을 분석하고 정신력에 의존하는 전투방식을 개선해야 한다는 결론을 내렸지만 이후 태평양 전쟁의 전개과정을 보면 아무런 변화가 없었다. 기갑전력을 향상하기 위해 전차를 업그레이드하려는 노력은 거의 없었고, 일부 부대에서는 전차를 향해 보병이 착검하고 돌격하는 전차총검술을 고안하여 보급하는 시대착오적 실책을 범했다.

일본군 중형 전차 치하의 측면장갑 두께는 20~25mm(상판 10mm)이고 주포의 구경은 57mm에 불과했지만(치하 개량형의 경우 47mm 대전차포를 탑재했다), 태평양 전선에 배치된 미군 중형 전차 셔먼의 측면장갑 두께는 38.1mm(상판 25.4mm)이고 주포의 구경은 75mm였다. 일본군 전차의 장갑은 미군의 50구경 중기관총 철갑탄과 60mm 박격포 철갑탄도 버텨내기 어려울 정도로 장난감 수준에 불과했고 전차끼리 맞붙는 전차전은 감히 생각도 하지 못할 정도였다.

태평양 전쟁을 수행하는 과정에서도 일본군은 여전히 돌격정신을 강조하는 전근대적인 발상에서 벗어나지 못했다. 대표적인 사례가 전투기에 폭탄을 싣고 미군 함정에 육탄으로 돌격해 폭사하는 가미카제 자살특공이었다. 가미카제 자살특공은 젊은 조종사들의 꽃다운 목숨을 앗아갔지만 미군에는 별 타격을 주지 못한, 매우 비효율적이고 비인간적인 전술이었다.

일본군은 전투에 패배하면 후퇴해서 부대를 재편성한 후 다음 전투를 대비하는 게 아니라 지휘관은 할복자살하고 나머지 장병은 "천황폐하 만세!"를 외치며 착검 돌격하여 모두 전사했다. 소위 '반자이 돌격'으로 인해 부족한 병력을 필요 이상으로 소모했던 것이다.

정신력을 강조하다 보니 베테랑 조종사들을 무리하게 전투에 투입하는 악수를 두기도 했다. 이로 인해 베테랑 조종사들을 조기에 소진해 버렸다. 태평양 전쟁 말기에는 조종사들의 숙련도가 낮아 항공전력을 유지하기 어려울 정도였다. 태평양 전쟁의 마지막 항공모함 전투였던 마리아나 해전에서 미군 전투기 조종사들은 압도적인 격추능력을 선보였는데 이는 일본군 조종사들의 실력이 너무 형편없었기 때문이다.

미드웨이 해전 때 미드웨이섬을 공습한 항공모함 함재기부대를 지휘했던 도모나가 조이치 대위는 미드웨이섬 공습이 끝난 후 미군 항공모함을 공격하기 위해 다시 출격했다. 도모나가 대위는 연료통 하나가 망가진 비행기를 타고 출격했다. 미군 항공모함 공격에 성공해도 연료가 떨어져 살아 돌아올 수 없는데도 지휘관들은 도모나가 대위를 붙잡지 않았다. 정신력을 강조하다 보니 이 같은 행위를 그저 자랑스러운 일로만 이해하고 격려하는 게 일본군의 기류였기 때문이다.

도모나가 대위 같은 노련하고 지휘력을 갖춘 조종사를 양성하는 데 드는 노력과 그를 잃었을 때 손실되는 전력을 따진다면 출격불허명령을 내렸어야 마땅했다. 미군 항공모함 요크타운을 공격한 도모나가 대위는 돌아갈 연료가 없었기에 스스로 요크타운에 충돌해 장렬한 최후를 맞이했다. 도모나가 대위는 2계급 특진하여 중좌로 추서되었다.

우금치 전투

동학혁명은 외세의 침입에 대항하기 위해 내정개혁을 해야 한다는 뜻을 가지고 시작된 민란으로, 왕조를 타도하려는 의도는 없었다. 그러나 조선 조정은 동학혁명을 진압하기 위해 청나라에 원병을 요청하는 악수를 두었다. 전주를 점령한 동학혁명군은 조정의 요청으로 청군이 들어오고 톈진조약을 구실로 일본군까지 조선에 출병하자 자진해산했다. 그러나 일본군이 조선 조정을 장악하고 내정에 간섭하기 시작하자 일본을 물리치기 위해 다시 일어섰다.

동학혁명군은 나라를 구한다는 사명감에 불타고 있었지만

1894년 12월 우금치 전투에서 결정적인 패배를 당했다. 관군과 일본군의 연합군은 1분에 400발을 발사하는 개틀링 기관총과 크루프 야포와 같은 근대식 공용화기를 운용했고, 각개 병사도 볼트액션 구조의 후장식 소총으로 무장하고 있었다. 반면 우금치의 동학혁명군은 화승총과 죽창으로 무장하고 있어서 임진왜란을 치른 16세기에 머무르는 수준이었다. 무기의 기술 격차가 300년이나 났으니 동학혁명군이 아무리 정신무장이 잘 되어 있고 구국충정에 불탔다 하더라도 승리할 가능성은 없었다.

그럼에도 동학혁명군은 조일연합군을 정면으로 공격했고 전멸에 가까운 패배를 당했다. 무기의 열세에도 불구하고 동학혁명군 지도부가 정면공격을 감행한 것은 아쉬운 선택이었다. 우금치 전투는 그대로 앉아서 당하지는 않겠다는 민족의 결기를 보여주었다는 점에서 큰 의미가 있다. 나라가 망하고 타민족의 노예가 되는 상황에서 아무도 저항하지 않는다면 그 민족의 미래는 없을 것이기 때문이다. 그렇다면 우금치 전투에서는 장렬한 돌격 이외의 대안이 없었을까?

그 대안은 바로 내정개혁을 요구하는 동학혁명군에 대해 외세를 업고 총부리를 겨눈 막장 조정을 처단하는 것이었다. 조정의 만행과 치졸하기 그지없는 악행에도 불구하고 조선군 내부에서 쿠데타가 일어나지 않은 게 의아하게 느껴진다. 동학혁명 지도자들은 대규모 무력시위와 정신승리를 하는 것보다 조선군의 젊은 장교들을 의식화하는 작업에 방점을 찍었어야 했다. 군주에 대한 충성심을 민족과 민중에 대한 충성심으로 바꾸는 작업을 누군가 주도했어야 했다.

정신력으로 기술을 이기려면 기술과 충돌하는 것이 아니라 기술을 내 것으로 만들어야 한다. 스스로 기술을 만들어낼 수 없다면 기술을 내 편으로 끌어들이는 방법을 찾아야 한다.

진포 해전

고려 말에 북쪽에서는 홍건족이라는 중국의 도적 집단이 고려 국경을 위협하고 남쪽에서는 일본의 해적 집단인 왜구가 노략질을 해서 고려 신민을 피곤하게 하고 있었다. 왜구는 해적이라고는 하지만 일본의 지방 영주에게 소속된 정규군인 경우도 있어 규모와 전투력이 상당한 수준이었다.

이런 왜구가 고려 해안에 다시는 얼씬거리지 못하도록 혼쭐을 내준 전투가 1380년 진포 해전이다. 당시 해전의 양상은 불화살을 쏘아 적함의 돛을 태워 속도를 떨어트린 후 적함에 접근하여 갈고리로 배를 당기고 적함에 올라 타서 백병전을 벌이는 월선공격이었다. 그러나 당시 고려 해군은 함포를 운용하는 기술을 사용함으로써 세계 해전 역사에 길이 남을 이정표를 세웠다.

흔히 해전에서 함포를 최초로 운용한 전투는 백년 전쟁 기간이던 1338년에 치러진 아르네뮤이덴 해전이라고 알려져 있다. 하지만 아르네뮤이덴 해전은 프랑스 해군이 양모를 운반하던 영국 상선의 선단을 습격했다가 생긴 충돌이어서 정식 해전이라고 하기 어려운 측면이 있고 함포를 운용한 영국 수송선단이 프랑스군에 패배했기 때문에 평가를 유보해야 한다.

반면 1380년에 있었던 진포 해전은 차원이 다른 신기술을 이용해 압도적인 승리를 이끌어낸 사례이다. 고려 해군은 이 해전에서 함포를 운용하여 왜구의 전함을 불태우고 큰 승리를 거두었다. 왜구들은 불굴의 정신력을 발휘해 고려 해군에 달려들었지만, 일정한 거리를 두고 불을 뿜으며 월선공격의 기회 자체를 원천봉쇄하는 고려 해군의 전함에 속수무책으로 당할 수밖에 없었다. 게임 체인저인 함포라는 신무기 없이 고려 해군 장병들에게 "죽을 때까지 용감하게 싸우라"는 정신무장만 시켰다면 진포 해전의 승패는 가늠하기 어려웠을 것이다.

행주산성 전투

1593년 2월 평양성까지 진출했던 일본군은 탄약, 식량 등의 보급 문제로 일단 전진을 멈추고 추가 보급을 기다리고 있었다. 그러던 중에 명나라 군대가 조선에 출병하자 평양성에서 철수했다. 일본군은 한양으로 퇴각하는 중에 벽제관에서 추격해 온 명나라 군대를 상대로 대승을 거두었다. 그러자 일본군은 사기가 올라 한양 주변에 모여든 조선군 지방 부대들을 처단할 계획을 세웠다. 그때 전라도 병력을 이끌고 행주산성에 주둔하고 있던 권율 장군의 부대가 첫 번째 공격목표가 되었다.

1593년 3월 14일 일본군은 큰 긴장감 없이 나들이하는 기분으로 행주산성으로 진군했다. 일본군은 명나라 군대를 격파한 분위기에 취해 권율 장군의 부대를 쉬운 상대로 보았다. 그도 그럴 것이 부산에 상륙한 이래 조선군을 연파하고 평양까지 진출한 터라 당연히 권율 장군의 부대도 약체일 것이라고 생각했던 것이다. 진주성 점령 작전이 실패로 끝나고 이치 전투에서 패퇴하는 등 육지에서도 몇 차례 패전한 경험이 있었지만 조선 육군에 대해서는 여전히 낮게 평가하고 있었다.

하지만 행주산성을 공격한 일본군은 예상 외로 강한 조선군의 화력에 많은 사상자를 냈는데, 이는 조선군이 알려지지 않은 신무기를 운용하고 있었기 때문이다. 행주산성의 조선군은 기관총의 원조라고 할 수 있는 새로운 화약무기를 운용하고 있었다. 변이중은 40개의 승자총통이 연속으로 발사되는 화차를 고안했는데 이 화차는 병사 한 명이 끌고 다닐 수 있을 정도로 기동성도 좋았다. 변이중이 고안한 화차가 위력을 발휘했고 천자총통과 같은 대포와 로켓의 원조인 신기전도 같이 운용했으므로 조선군은 예전에 일본군이 상대한 조선군과는 차원이 다른 전투력을 갖추고 있었다.

막강한 화력을 쏟아내는 조선군 진영으로 병력을 축차 투입하며 돌격과 퇴각을 반복한 일본군의 정신력은 대단했지만 정신력이 탄환의 방패가 될 수는 없었다. 일본군은 3만 명의 병력을 동원하고도 3000명이 지키는 성을 함락시키는 데 실패했다. 무수한 사상자를 내고 후퇴한 일본군 지휘부는 상당한 충격을 받았다. 일본군 지휘부는 10 대 1의 병력 우세에도 조선군의 화력을 이겨내지 못하자 전쟁의 흐름에 관해 다시 평가한 것으로 보인다. 다양한 화약무기를 운용하는 조선군의 전투력을 확인하고 조선은 이순신 제독이 이끄는 해군뿐 아니라 육군까지 모두 수준급이라는 냉엄한 현실의 무게를 제대로 느끼기 시작했던 것이다.

일본군과 명군 사이에 강화협상이 본격적으로 시작된 시점은 명나라 강화사절이 나고야를 방문했던 1593년 5월 중순이다. 이것이 행주산성 전투가 끝나고 얼마 되지 않은 시점이라는 사실에 주목할 필요가 있다. 평양성에서는 명군이 포병 화력으로 평양성 성벽을 무너뜨렸지만 이여송이 일본군의 퇴로를 열어주었기 때문에 결정적인 전투가 없었다. 이여송 입장에서는 큰 병력 손실 없이 평양성을 탈환하는 것이 최선의 선택이었기 때문이다. 일본군 지휘부는 평양성에서 후퇴한 후 명군이 추격에 나서자 벽제관에서 명군을 크게 격파했는데, 이러한 일본군 지휘부가 문제는 명군이 아니라 조선군임을 깨닫고 강화협상의 필요성을 인식하는 계기가 된 사건이 바로 행주산성 전투이다.

행주산성 전투 이후에 임진왜란이 전개된 양상을 보면 행주산성 전투에 훨씬 더 큰 역사적 의미를 부여해야 한다. 당시 행주산성에는 일반 백성들이 없었다. 그런데도 행주산성 전투에 대해 아녀자들이 행주치마에 날라 온 돌을 던지며 싸워 이긴 정신승리의 상징처럼 이야기하는 일부 역사 서술은 잘못된 것이다. 돌을 던져서 화약무기를 운용하는 적군을 이긴다는 것은 군사전술상 불가능한 일이다. 행주산성 전투는 전투력 우위에 의한 당당한 승리이자 기술력 우위에 입각한 승리였다.

현대전에서도 재래식 무기로 핵무기를 제압할 수 있다는 주장을 펴는 사람들이 있다. 핵무기가 발사되기 위해 전개되는 순간에 타격한다는 논리인데, 핵무기 1개만 놓치면 끝장이다. 적의 핵무기 위치를 100% 파악하고 100% 명중시키겠다는 결의는 가상하지만 현실성이 없다. 결연한 의지가 수학을 이길 수는 없다.

신뢰관계에 올인하면 후회한다

형제간에 거액을 빌려주고 받았다가 대차관계가 정리되지 않아 서로 상대방을 비난하면서 싸우게 되고 그러다가 형제가 남만도 못하게 되는 경우가 있다. 친한 친구끼리 동업하다가 권리 의무 관계를 정확하게 명시하지 않은 계약서 때문에 수익을 배분하는 방식에 합의를 이루지 못해 싸우는 경우도 많다.

사기를 당하는 이유는 사기범이 상대로 하여금 자신을 교묘하게 믿게 만들기 때문이다. 자신을 신뢰하게 만들어서 명확하게 해야 할 부분을 건너뛰는 것이다. 예를 들면 꽤 큰돈을 꿔 가면서 "일주일 있으면 갚을 건데 차용증 쓸 필요 없잖아? 우리 사이에"라고 말하고는 차일피일 돈을 갚지 않으면서 피해 다니면 받을 길이 막연해진다.

유대인들은 자식 교육을 할 때 남을 100% 신뢰하지 않도록 가르친다고 한다. 예를 들면, 그리 높지 않은 곳에서 뛰어 내리게 하고는 몸으로 받아준다. 아이가 재미있어 할 때쯤 몸을 빼면 아이가 풀밭으로 넘어지고 놀라서 울게 된다. 그때 "남을 믿고서 너의 모든 것을 걸지 말라"고 가르친다고 한다.

전쟁의 역사를 보면 신뢰관계보다 은혜관계, 원한관계, 이해관계가 사람을 움직이게 하는 데 더 큰 힘을 발휘한다는 것을 알 수 있다. 또한 신뢰관계를 기반으로 남을 믿어 나의 모든 것을 거는 행위는 지극히 위험하다는 것도 알 수 있다.

제3차 포에니 전쟁

제2차 포에니 전쟁에서는 카르타고의 한니발이 이탈리아 본토까지 진격해 한때 로마를 위협하기도 했으나 결국 국력의 차이를 극복하지 못하고 패배했다. 제2차 포에니 전쟁이 끝난 후 로마와 카르타고는 강화조약을 맺었다. 로마는 막대한 전쟁배상금을 카르타고에 부담시키는 한편 로마의 허락 없이 카르타고가 전쟁을 일으킬 수 없도록 못 박고 해군을 폐지하도록 했다.

카르타고 국민들은 치욕을 잊지 않고 열심히 국력을 키웠다. 그리고 매년 로마에 배상금을 갖다 바치는 게 굴욕적으로 느껴져 전쟁배상금을 한꺼번에 지불해 버렸다. 카르타고 입장에서는 속이 후련했을지 모르지만, 로마에는 비상이 걸렸다. 사실 로마가 전쟁배상금 규모를 책정할 때에는 카르타고가 딴 생각을 품지 못하도록 카르타고를 옥죄는 높은 수준으로 배상금을 정한 것이었다. 그런데 높게 책정한 배상금을 미리 다 갚아버리자 로마 지도부는 카르타고의 역량이 로마가 생각하는 수준을 훨씬 뛰어넘는다고 평가하게 되었다. 또한 카르타고를 그냥 두면 후환이 있을 것이므로 늦기 전에 카르타고를 없애야 지중해의 패권을 유지할 수 있을 것이라고 생각했다.

그러나 조용히 있는 카르타고에 군사를 보내 전쟁을 일으키는 것은 주변 국가들의 눈도 있고 해서 선불리 행동에 나설 수 없는 일이었다. 로마는 고민하다가 한 가지 계책을 냈다. 카르타고의 이웃 나라인 누미디아를 부추겨 카르타고를 공격하게 했던 것이다. 카르타고 군대는 로마와의 강화조약 때문에 누미디아의 공격에 소극적으로 대응했지만 공격이 거세지자 대규모 병력을 동원했다. BC 149년 결국 로마는 카르타고가 강화조약을 파기했다는 구실로 대군을 몰고 카르타고를 침공했다. 로마의 의도는 분명하고 간단했다. 카르타고라는 나라를 지도에서 없애는 것이었다.

카르타고 내부는 큰 혼란에 빠졌다. 로마의 의도가 분명하니 끝까지 싸워야 한다고 주장하는 주전파와 로마와 협상해서 전쟁을 피해야 한다는 주화파가 대립했다. 격렬한 논쟁 끝에 주화파가 주도권을 쥐게 되었다. 국민 대다수가 전쟁을 피하고 싶었기 때문이다.

로마군 사령관은 주화파 협상단에 "가진 무기를 모두 로마군에 바치면 로마군은 포위를 풀고 로마로 귀환하겠다"고 제안했다. 사실 로마군 사령관은 카르타고가 이 제안을 거부하고 전투에 임할 것이라고 내심 예상했다. 그러나 주화파는 놀랍게도 이 제안을 받아들이고 카르타고 시민들을 설득했다.

주전파는 격렬하게 저항하며 반대했다. 그러나 이번에도 주화파의 주장이 승인되었고 카르타고가 가지고 있던 무기가 로마군 진영 앞에 산더미처럼 쌓였다. 모두 약 10만 명을 무장시킬 수 있는 엄청난 물량이었다. 이 엄청난 양의 무기를 보고 로마군은 가슴을 쓸어내렸다. 카르타고가 죽기를 각오하고 싸웠다면 로마군의 승리를 보장할 수 없을 정도의 무기였기 때문이다.

카르타고 국민은 협상이 성공한 데 기뻐하고 있었는데 로마군 지휘관은 새로운 요구사항을 제시했다. "카르타고 성을 스스로 허물고 국민들을 해안가에서 내륙으로 이주시켜야 한다." 로마의 진정한 의도를 알게 된 카르타고는 요구사항을 거절했고 로마군은 공성무기를 앞세워 카르타고 성을 공격하기 시작했다.

맨손밖에 없는 카르타고 국민들은 주화파를 모두 처형하고 남녀노소 가리지 않고 로마군과 싸우기 시작했다. 무기를 새로 만들었지만 크게 부족해서 성벽을 허물어 벽돌을 던지기도 했고, 적군을 끌어안고 성 아래로 같이 떨어지기도 했으며, 여자들은 자기 목숨이 끊어질 때까지 로마군을 할퀴고 이빨로 물고 늘어지기도 했다. 이런 식으로 3년 동안이나 필사적으로 저항했다. 하지만 이런 영웅적인 투쟁도 한계가 있을 수밖에 없었고, 카르타고는 결국 지도에서 사라졌다.

로마군은 카르타고를 불태우고 그 땅에 소금을 뿌렸다. 다시는 일어서지 못하도록 말이다. 제3차 포에니 전쟁을 계기로 지중해의 상권은 완벽하게 로마 수중에 들어갔고 로마는 지중해 무역을 통해 축적된 국력을 바탕으로 유럽 대륙과 소아시아로 뻗어 나가기 시작하면서 대제국의 기틀을 다졌다.

친구도 너무 믿으면 안 되는데 적군의 말을 믿고 아무런 이행보장 수단이나 위험회피 수단도 없이 모든 무기를 내준 카르타고 주화파의 순진함과 설익은 판단력이 아쉽다. 카르타고는 적장과 주요 간부를 인질로 잡는다든지, 보유하고 있는 무기를 1/3 정도 내주고 어떻게 나오는지 상황을 본다든지 하는 안전장치를 마련했어야 했다. 감정에만 충실하여 배상금을 굳이 일찍 갚아버린 카르타고의 경솔함을 타산지석으로 삼아야 한다.

세키가하라 전투

도요토미 히데요시가 어린 아들을 남기고 죽자 도쿠가와 이에야스의 야망이 서서히 고개를 들기 시작했다. 도쿠가와 이에야스는 겉으로는 어린 후계자 도요토미 히데요리에게 충성을 맹세하고 있었지만 히데요시의 가신들, 특히 이시다 미츠나리는 도쿠가와 이에야스에 대한 의심을 거두지 않았다.

히데요시는 자식이 없어서 누나의 아들인 조카 히데츠구를 양자로 들이고 후계자로 지명했는데 친아들인 히데요리가 뒤늦게 태어나자 히데요리에게 권력을 물려주기 위해 히데츠구를 죽이는 무리수까지 두었다. 히데츠구는 관백의 자리를 내놓고 출가하여 승려가 되면서까지 야심이 없다는 점을 분명히 했지만 히데요시로부터 할복자살을 강요받았고 히데츠구의 처자식들도 모두 살해되었다. 처형된 히데츠구의 측실 중에는 다이묘의 딸도 있었다. 히데츠구와 가깝게 지내던 다이묘들 가운데 일부는 죽임을 당했고 일부는 도쿠가와 이에야스의 구명운동으로 간신히 살아남았다.

이에야스는 히데요시의 요청으로 히데요리의 후견인이 되었는데 미츠나리가 대놓고 이에야스를 견제하자 미츠나리를 쫓아냈다. 이에야스와 미츠나리가 정면으로 맞서자 다이묘들도 이에야스 편과 미츠나리 편으로 나뉘었고 이는 무력충돌로 치닫게 되었다.

이에야스는 히데요리를 위해 미츠나리를 제거해야 한다는 점을 명분으로 삼았고, 미츠나리는 이에야스를 제거해야 히데요리의 안전이 보장된다는 점을 명분으로 삼았다. 겉으로만 보면 히데요리에 대한 충성경쟁 같이 보였지만 결국 '죽은 히데요시와 살아 있는 이에야스' 간의 권력투쟁이었다. 죽은 히데요시를 대신해서 미츠나리가 깃발을 흔들면서 히데요시의 측근 인사들에게 이에야스의 숨은 야망이 현실화되기 전에 싹을 자르자고 선동했던 것이다.

냉정하게 보면 명분은 미츠나리 쪽이 더 강해 보였다. 나이 어린 히데요리는 히데츠구 사건으로 분열된 도요토미 가문을 통합하고 지켜나가기엔 역부족이었고 이에야스의 힘과 영향력이 너무 커서 히데요리가 위태로워 보였기 때문이다.

1600년 세키가하라 전투에서는 이에야스의 동군과 미츠나리의 서군이 맞붙었는데 서군에는 이에야스 다음으로 많은 영지를 갖고 있던 모리 데루모토가 대장으로 참여했다. 동군과 서군은 서로 다이묘들을 끌어들였는데, 동군과 서군 간에는 다이묘 구성에 차이가 있었다. 서군은 미츠나리가 주도했는데 미츠나리의 히데요시에 대한 충성심이 대단하다는 점은 모두 인정했지만 미츠나리는 인기가 별로 없었다. 히데요시가 살아 있을 때 측근으로 있으면서 모난 짓을 많이 했기 때문이다.

서군은 모리 데루모토가 얼굴마담 노릇을 해서 사람들을 모으기는 했으나, 이들은 이해관계라거나 서로 신세진 관계라기보다는 히데요시에 대한 충성심에, 즉 "너도 히데요시에게 충성하고 나도 히데요시에게 충성하니 함께 간다"라는 신뢰관계에 기반을 두고 있었다. 그러나 이에야스가 주도하는 동군 역시 도요토미 가문을 지킨다는 명분을 내세우고 있었기 때문에 왠지 서군은 그다지 날카롭지 않은 칼을 들고 있는 느낌을 주었다.

이에 반해 동군은 히데츠구 사건 때 자녀가 죽임을 당한 다이묘, 히데츠구와 가깝다고 오해를 받았지만 이에야스의 구명운동으로 겨우 목숨을 구한 다이묘, 미츠나리와 오랜 원수관계에 있는 다이묘, 이에야스가 영지 확대 등 당근을 제시한 다이묘들로 구성되어 있었다. 추상적인 신뢰관계로 모인 서군과 구체적인 은혜관계, 원한관계, 이해관계로 모인 동군이 맞붙었으니 승패의 향방은 이미 정해진 것이나 다름없었다.

서군의 총병력 규모가 동군보다 컸지만 서군에는 사태를

관망하다가 약속한 병력을 보내지 않은 다이묘가 꽤 있었다. 그만큼 결속력이 낮았다는 얘기이다. 대표적으로 얼굴마담 역할을 한 서군 대장 모리 데루모토는 오사카성에 머무르면서 결국 세키가하라 전장에 나타나지 않았고 일부 병력만 출병시켰다. 이렇게 해서 세키가하라 전투는 단 3시간 만에 동군의 승리로 끝났다.

결국 미츠나리가 염려했던 대로 이에야스는 히데요리를 제치고 쇼군의 자리에 올라 천하를 얻었다. 이에야스는 히데요리를 65만 석의 영지를 보유한 다이묘로 강등시켰으며, 허락 없이 오사카성을 신축했다는 꼬투리를 잡아 1615년 대군을 일으켜 오사카성을 공격했다. 하늘 아래 두 개의 태양이 있을 수 없을 뿐 아니라 현재의 태양과 과거의 태양이 공존할 수 없는 것이 권력의 생리이다. 히데요리는 이 사실을 잘 이해하고 꼬투리 잡힐 일이 전혀 없도록 했어야 했다.

이에야스는 결국 21세에 불과하고 본인의 손녀사위이기도 한 히데요리에게 생모 요도도노와 함께 할복자살하도록 했다. 서군을 주도한 미츠나리가 좀 더 성숙한 인격의 소유자였다면 이에야스가 발톱을 보일 때까지 꾹 참고 기다렸어야 했다. 이에야스도 겉으로는 히데요리에게 충성심을 보이고 있는 시점에서 칼을 뽑았으므로 이에야스를 타도할 명분이 부족했던 것이다.

히데츠구 할복 사건으로 도요토미 가문이 분열되어 있는 상황에서 명분도 부족하다 보니 도요토미 대 도쿠가와의 싸움이던 세키가하라 전투는 1 대 1의 싸움이 아니라 0.5 대 1.5의 싸움이 되고 말았다. 미츠나리는 도요토미 가문의 분열이 어느 정도 봉합되고 히데요리가 여러 사람에게 은혜를 베풀 시간을 확보해야 했다. 그리고 히데요리에게 충성하는 세력을 어느 정도 만든 후에 이에야스가 발톱을 보일 때를 기다려 공격해야 했다. 미츠나리가 신뢰관계만 믿고 너무 빨리 칼을 뽑았기 때문에 명분도 부족하고 응집력도 부족해서 넘치는 충성심을 올바로 쓰지 못하고 주군에게도 부담을 주는 결과를 초래했다.

여기서 여담을 하나 하자면, 서군 대장 모리 데루모토의 운명은 세키가하라 전투가 끝난 후 바람 앞의 촛불 신세였다. 하지만 데루모토는 자신을 미츠나리 편에 서도록 설득한 가신 하나를 희생시키고 겨우 목숨을 부지했다. 영지도 1/4 수준으로 대폭 삭감되어 데루모토는 그저 그런 정도의 다이묘로 강등되었다. 그러나 모리 가문의 조슈 번(현재 야마구치 현)은 줄어든 영지에서 생산성을 높이고 새로운 농토를 개발하는 한편 산업을 장려하여 데루모토가 강등되기 이전의 경제력을 회복하면서 힘을 길렀다.

이후 조슈 번은 메이지 유신을 주도하면서 도쿠가와 막부를 무너뜨리는 주역이 되었다. 무려 260년 만의 복수였다. 조슈 번은 일찍이 인재들을 뽑아 영국 유학을 보냈다. '조슈 파이브'로 불리는 다섯 명의 영국 유학생에는 일본 근대화의 주역이자 조선 침략을 주도한 일본 역사상 최연소 총리 이토 히로부미, 조선 주재 공사를 지내고 외무대신, 농수산대신, 대장대신을 지냈으며 일본 근대화를 위한 제도 혁신에 앞장선 이노우에 가오루 같은 쟁쟁한 인물이 포함되어 있었다.

큰 그림을 경계해야 한다

규모가 큰 그림을 그릴 때면 큰 헝겊이나 큰 종이가 필요하고 물감도 많이 필요하다. 붓도 보통 쓰는 붓보다 훨씬 큰 것으로 준비해야 한다. 따라서 작은 그림을 그릴 때보다 더 많은 돈이 들고 여러 가지 신경을 더 써야 한다.

사업도 마찬가지이다. 사업을 크게 벌이려면 차입금을 쓰게 되고 이자 부담이 생긴다. 사업이 커지니까 필요한 전문가들을 추가로 구해야 한다. 특히 재무관리 전문가를 고용해 복잡해진 현금흐름을 잘 관리해야 한다. 주먹구구식으로 현금흐름을 관리하면 이익이 나고 있는데도 부도사태를 맞는 소위 흑자도산이 발생할 수 있다.

히말라야의 높은 봉우리들을 정복하려면 많은 준비를 해야 한다. 체력훈련은 기본이고 비슷한 지형에서 빙벽타기 훈련을 해야 하고, 텐트, 의복, 식량, 약품, 등반 장비 등 많은 물자를 준비해야 하며, 물자를 운반할 인력도 충분히 확보해야 한다. 준비는 100만큼밖에 할 수 없는데 의욕이 앞서서 200이 필요한 봉우리를 오르면 사고가 발생할 가능성이 높아진다.

항상 계획은 현실에 기반을 두고 동원 가능한 자원의 범위 안에서 세워야 실현 가능성이 높아진다. 큰 그림은 가슴을 뛰게 하고 멋져 보이지만 그만큼 위험하다. 잘 만들었다고 소문난 명품 골프장 W는 건설주가 막대한 공사대금을 감당하지 못해 중도 포기했고 시공하던 건설회사가 공사대금 명목으로 인수한 후에 완성했다. 한국 최고의 명품 골프장을 만들겠다는 큰 그림은 좋았지만 막대한 건설비용을 조달해야 한다는 점을 간과했던 것이다.

목숨을 걸고 싸우는 전투도 마찬가지이다. 군대의 역량 범위 내에서 달성 가능한 목표를 설정해야 한다. 동원 가능한 병력의 규모와 확보할 수 있는 장비, 탄약, 연료, 식량 등을 감안하여 작전계획을 짜야 승리할 수 있다. 그렇지 않을 경우 결정적인 패배를 당하기 쉽다.

게티즈버그 전투는 산업역량과 인구규모에서 열세인 남부연합이 전쟁을 오래 끌수록 자신들에게 불리하다는 점에 주목하고 결정적인 승리를 통해 북부연방 정부를 종전협상에 끌어낸다는 의도로 기획되었다. 하지만 이 전투는 실패로 끝났다. 역량에 비해 그림이 너무 컸던 것이다.

게티즈버그 전투는 실패가 예정되어 있었다

게티즈버그 전투에 대해서는 많이 들었겠지만 게티즈버그가 펜실베이니아주의 작은 도시라는 사실은 모르는 사람이 적지 않다. 필자도 게티즈버그가 남북전쟁의 주전장인 버지니아주나 메릴랜드주에 속할 것이라고 생각해서 매릴랜드주의 Gaithersburg(게이더스버그)가 게티즈버그인 줄 알았었다. 발음이 조금 이상하다고 생각은 했지만 게티즈버그가 그렇게 북쪽에 있는지 생각지도 못했기 때문에 그냥 지나쳤던 것이다.

게티즈버그 전투는 남북전쟁의 향방을 북군 우세로 굳힌 중요한 전투였다. 그리고 전투가 끝난 후 링컨 대통령이 게티즈버그에서 한 연설의 한 구절, "국민의, 국민에 의한, 국민을 위한 정부는 지상에서 사라지지 않을 것입니다The government of the people, by the people, for the people shall not perish from the earth"는 민주정치의 본질을 잘 요약한 것으로 유명하다. 게티즈버그 전투는 로버트 리 장군이 직접 기획한 전투로서 남부연합 대통령에게 승인을 받았다. 카를 폰 클라우제비츠Carl von Clausewitz는 전쟁도 일종의 정치행위라고 했다. 맞는 말이지만 게티즈버그 전투는 1개 전투에 너무나 큰 정치적 목표를 부여하는 문제점을 안고 있었고, 작전의 규모에 비해 전투역량과 디테일이 크게 부족했다.

출발점의 과오: 정치적 의도에 입각한 군사작전

남군은 남북전쟁 초반에 우세를 보였고 한때 워싱턴을 위협하기도 했다. 하지만 1863년에 들어서자 남군은 병력 부족과 물자 부족에 시달리게 되었다. 1863년 여름에 율리시스 그랜트Ulysses S. Grant 장군이 이끄는 북군은 빅스버그를 포위 공격하고 있었고 함락을 눈앞에 두고 있었다. 남군의 주요 보급루트인 미시시피강의 통제권이 북군 수중에 넘어가게 되었던 것이다.

리 장군은 빅스버그에 제임스 롱스트리트James Longstreet 장군의 군단을 원군으로 보내는 대신 전쟁을 한 방에 끝낼 수 있는 카드인 '과감한 북진작전'을 건의해서 승인을 받았다. 사실 남부연합 정부는 리 장군의 북진작전 구상에 대해 환영하는 분위기가 아니었지만 달리 뾰족한 대안이 없었기 때문에 한 번 모험을 해보기로 했다. 리의 구상은 북부에서도 전쟁이 오래 가고 전사자와 부상자가 많아져 반전여론이 커지고 있으니 남군이 북부의 후방지역에서 큰 승리를 거두고 워싱턴을 위협하면 북부의 여론이 더욱 나빠져서 북부연방 정부가 종전협상 테이블에 나올 수밖에 없을 것이라는 것이었다.

그래서 리 장군이 지휘하는 북버지니아군은 포토맥강을 건너 메릴랜드를 통과한 후 펜실베이니아 땅으로 깊숙이 진격했다. 북군 측에서는 펜실베이니아 출신인 조지 미드George G. Meade 장군이 지휘하는 포토맥군이 추격에 나서 펜실베이니아주 게티즈버그에서 양 군이 충돌하게 되었다.

게티즈버그 전투는 다분히 정치적 의도에서 구상되었기 때문에 전략적 측면과 전술적 측면에서 검토할 여지가 많다. 과연 남군이 불리한 상황을 극복하고 적지에서 승리할 수 있을지, 남군이 이긴다 해도 북부연방 정부에서 종전협상에 응할지 누구도 장담할 수 없는 불확실한 상태에서 리 장군의 대담한 도박이 시작되었다.

부족한 전술 디테일: 규모가 너무 작은 참모 조직

리 장군은 북버지니아군의 사령관이었지만 참모를 지나치게 소규모로 운용했다. 소령 두 명과 대위 한 명이 참모조직의 전부였다. 통상 현대의 군대조직의 군 사령부에서는 소장이 참모장 역할을 하고 여러 명의 준장이 정보, 작전, 보급, 포병 등의 분야에서 참모 역할을 한다. 리 장군은 많은 사람들로부터 참모 기능을 확충하라는 충고를 받았지만 이를 무시했다.

본인의 역량을 지나치게 과신했던 것인지는 몰라도 이는 분명히 잘못된 선택이었다. 큰 그림을 그렸던 게티즈버그 전투에서는 결국 참모조직의 부족한 역량이 큰 그림을 감당해 내지 못했다.

먼저, 보급 문제를 살펴보자. 전선이 펜실베이니아까지 북상함으로써 버지니아를 근거지로 하는 남군의 보급로가 너무 길어졌다. 이로 인해 보급선의 대부분은 북군지역을 통과해야 했다. 따라서 남군은 북군에 의해 보급선이 끊길 우려가 컸는데 실제로 북군은 남군의 철도 이용을 통제했다.

남군은 보급을 인마에 의존해야 하는 어려움 때문에 부족한 보급을 현지에서 해결하려 했다. 하지만 식량은 그렇다 치더라도 탄약을 보급하는 것은 쉬운 문제가 아니었다. 보급 부족 문제는 결국 남군이 서둘러서 승부를 내야 하는 상황으로 스스로를 내몰았다. 결국 남군은 게티즈버그에서 성급하게 승부를 내려다가 뼈아픈 패배를 당하고 말았다.

만약 경험 많고 유능한 보급참모가 작전 구상 단계에서 보급 문제를 제기했다면 리 장군이 스스로 작전 구상을 접었을 수도 있고 전장을 펜실베이니아로 선택하는 대신 좀 더 가까운 메릴랜드로 변경할 것을 심각하게 고려했을 수도 있다. 펜실베이니아로 북진하는 대담한 작전은 리 장군 개인의 구상이었는데, 작전개념과 실행계획을 상의할 만한 노련한 참모를 두지 않는 것이 리 장군의 참모 운용방식이었다.

다음은 기병대 운용이 실패한 문제를 짚어보자. 젭 스튜어트J.E.B. Stuart 장군이 지휘하는 북군 기병군단(9000명)은 게티즈버그 전투의 최종일이 되어서야 전투에 참가하는 어이없는 일이 발생했다.

스튜어트 장군은 기병대의 역할인 적정 파악 임무와 보병 측면 엄호업무를 팽개치고 북부로 계속 치고 들어갔다. 그는 남군 사령부의 누구하고도 연결을 시도하지 않았고 보고도 하지 않았다. 본대와 기병대 사이에 연락이 두절되는 심각한 상황인데도 참모 가운데 이 문제를 인식하고 경고한 사람은 아무도 없었다. 참모조직이 너무 작아 업무에 과부하가 걸렸기 때문이다.

리 장군도 문제의 심각성을 잊고 있었다가 게티즈버그에서 북군과 갑자기 조우하자 그제야 "기병대는 어디 있느냐?", "왜 적정에 관한 보고가 지금까지 없었느냐?"라고 힐난했다. 하지만 이미 전투는 시작되었고 리 장군은 북군의 병력규모와 배치, 이동 상황에 관한 정보가 크게 부족한 상태로 전투를 지휘해야 하는 어려움을 겪었다.

기병대 운용이 실패한 이유는 늘 지적되는 작전명령의 모호성에서 비롯되었다. 리 장군은 스튜어트 장군에게 적정 파악 임무를 정확하게 지시하지 않았다. 그렇기 때문에 스튜어트 장군은 우연히 조우하여 전투를 벌인 북군 기병대를 추격하는 한편 부족한 전쟁물자를 징발하는 데 나섰던 것이다.

리 장군의 실전 경험 부족

리 장군은 북버지니아군 사령관으로 부임한 후 토머스 잭슨Thomas J. "Stonewall" Jackson 장군에게 크게 의존했었다. 잭슨 장군의 별칭이 'Stonewall', 즉 굳건하게 지키는 석벽인 데서 알 수 있듯이, 그는 남군 최고의 전략가이자 지휘능력이 출중한 장군이었다.

평소 잭슨 장군은 위험을 무릅쓰고 직접 적정을 정찰하고 작전을 수립하는 것으로 유명했다. 게티즈버그 전투 직전 치른 챈슬러즈빌 전투Battle of Chancellorsville에서 늘 하던 대로 직접 정찰에 나섰던 잭슨 장군은 아군 진영으로 복귀하다가 아군의 오인사격을 받고 전사했다.

북버지니아군에는 통상의 편제방식대로 3개의 군단이 있는 게 아니라 잭슨 장군이 지휘하는 군단과 롱스트리트 장군이 지휘하는 2개 군단만 존재했다. 잭슨 장군은 북버지니아군 병력의 60%를 지휘하며 북버지니아군을 사실상 이끌고 있었다. 일반적으로 병력의 2/3를 전방에 배치하고 1/3을 후방에 예비병력으로 배치하는 작전 관행을 고려해 보면 항상 전방에 있던 잭슨 군단과 잭슨 장군의 위상을 미루어 짐작할 수 있다.

리 장군은 잭슨이 전사하자 잭슨의 군단을 둘로 나누고 군단장을 임명했는데 지나치게 포퓰리즘적으로 접근했다. 지휘 역량을 기준으로 군단장을 뽑지 않고 인기투표 방식으로 뽑는 이해하기 어려운 행태를 보였던 것이다. 지휘관의 능력이 중요한 군대조직의 특성을 감안할 때 게티즈버그의 실패는 이미 예정된 것이나 다름없었다.

새로 편성된 군단이 모의 전투훈련을 해서 서로 손발을 맞춰보고 챈슬러즈빌 전투의 피로를 풀고 정비도 하려면 시간이 필요했는데, 챈슬러즈빌 전투가 종료된 지 2개월도 지나지 않은 시점에 펜실베이니아로 서둘러 진격한 것도 문제였다. 사실 군단장 인선에 불만이 있는 사단장도 있었기 때문에 최소한 인사후유증은 처리한 후에 작전을 개시했어야 했다.

리처드 유얼Richard S. Ewell 신임 군단장은 고지를 점령하라는 리 장군의 명령을 이행하지 않는 큰 전술상의 실책을 범했다. 그는 북군이 고지를 장악하게 내버려두었는데 그 결과 이튿날부터 본격적으로 전개된 전투에서 남군은 오르막길 전투up-hill battle를 하며 어려운 싸움을 치러야 했다.

유얼 군단에 소속된 사단장인 아이작 트림블Isaac R. Trimble 장군은 세미타리 고지까지 감제하는 컬프스 고지Culp's Hill가 텅 빈 상태이니 이곳을 점령하자고 강력하게 건의했다. 하지만 유얼은 첫 날 전투에서 일단 북군을 퇴각시킨 전과에 만족하고 있었고 고지가 이미 북군 수중에 있다고 오판해 병력을 움직이지 않았다. 트림블 장군은 유얼이 끝내 자신의 건의를 받아들이지 않자 격분하여 차고 있던 지휘도를 빼서 유얼이 보는 앞에서 땅바닥에 내던졌다. 그만큼 유얼은 소속 사단장들로부터 존중을 받지 못했던 것이다.

그러나 리 장군의 명령이 명쾌하지 않았던 것이 더 근본적인 문제였다. 리 장군은 "가능하면if practicable 고지를 점령하라"라고 했던 것이다. 고지 점령의 전술적 중요성을 감안한다면 "어떤 희생을 치르더라도at any cost 고지를 점령하라"라고 명확하고 단호하게 명령을 내렸어야 했다.

리 장군은 수학을 월등하게 잘해서 웨스트포인트 사관학교 생도 시절에도 급여를 받으면서 후배 생도들을 가르쳤다. 수학을 잘했기 때문에 공병장교로 임관해서 멕시코 전쟁에 참전했지만 공병참모부에 근무했기 때문에 실전 경험이 없었다. 공병장교로 중령까지 진급했지만 회의를 느끼고 독립전쟁 때 독립군 기병대 사령관이었던 부친을 따라 기병으로 전과했다.

리 장군은 1859년에 노예반란(존 브라운의 난)을 진압한 경험이 있었고 대령으로 진급해 기병 연대장을 맡았다. 남북전쟁이 발발하자 리 장군은 남군에 가담하여 준장 계급을 받았고 남부연합 대통령의 국방보좌관을 담당했다. 국방보좌관에서 바로 북버지니아군 사령관에 임명되었기 때문에 그는 실전 경험이 거의 없는 상태로 군 사령관이 되었다. 그렇기 때문에 잭슨 장군에 대한 의존도가 높았다. 냉정하게 보면 게티즈버그 전투 이전까지 북버지니아군은 사실상 잭슨 장군이 지휘하고 있었다.

게티즈버그 전투는 사실상 리 장군 주도하에 작전이 수립되고 실행된 첫 전투였다. 그렇기 때문에 많은 시행착오가 발생했다. 부하 장군들은 리 장군에게 "북군이 고지를 점령하고 있으므로 정면공격frontal assault을 하기보다는 우회 기동으로 후방을 기습해야 한다"라고 건의했는데, 리 장군은 부하 장군들의 건의를 무시하고 정면공격을 고집해 큰 손실을 보았다. 이 역시 전투경험이 부족했기 때문이다. 리 장군이 참전했던 멕시코 전쟁은 미군이 일방적으로 멕시코군을 몰아붙인 전쟁이었다. 따라서 미군은 항상 정면공격으로 멕시코군을 몰아붙였다. 이때의 경험 때문에 리 장군이 정면공격의 위험성을 잘 이해하지 못했던 것이 아닌가 생각된다.

게티즈버그 전투 마지막 날에는 유명한 피켓의 돌격Pickett's Charge이 있었다. 조지 피켓George E. Pickett 장군이 지휘하는 사단이 주축이 되어 적진의 중앙을 돌파한다는 작전이었다. 그러나 벌판을 가로질러 전진해야 했기 때문에 적 포병대의 포격에 완전히 노출되는 위험을 무릅써야 했다. 따라서 작전 개시 전에 적 포병을 무력화하는 것이 작전 성공의 관건이었다.

남군 포병대가 집중사격을 가해 중앙에 배치된 북군의 대포는 대부분 파괴했지만 양 날개에 배치된 포병을 제압하는 것은 지형이나 사거리를 감안할 때 거의 불가능했다. 그리고 남군 포병대는 보급선 문제로 포탄과 화약이 크게 부족해서 충분한 포격을 가할 수 없었다.

결국 피켓 장군은 휘하 병력이 포병 사격에 완전히 노출된 채 공격을 개시했고 사단은 거의 궤멸되었다. 피켓 사단에는 3명의 여단장(준장)이 있었는데, 2명이 전사하고 1명이 중상을 입었다. 13명의 대령 중 7명이 전사하고 6명이 중상을 입었다. 고위 지휘관 중 사단장을 빼고 모두 유고상태인 완벽한 패배였다.

리 장군이 혼자 남은 피켓 장군에게 빨리 사단으로 가서 재정비를 하라고 지시하자 피켓 장군은 "저에게는 사단이 없습니다I have no division"라고 대답했다고 한다. 군사 전문가들 사이에서 피켓 돌격을 두고 자살행위나 다름없는 엉터리 작전이었다는 비난이 쏟아지는 이유이다.

히데요시의 일장춘몽: 중국 정벌계획

그림을 너무 크게 그려서 실패한 사례는 동양전쟁사에서도 찾아볼 수 있다. 16세기 말 한반도에서 대륙세력과 해양세력이 맞붙은 임진왜란이 이에 해당한다.

일본의 전국시대를 마감하고 일본을 통일한 도요토미 히데요시는 명나라를 정복한다는 큰 그림을 그리고 스페인과 포르투갈에도 자신의 뜻을 알렸다. 도요토미 군대가 중국 대륙의 광둥이나 산둥으로 직접 상륙하지 않고 한반도로 우회 상륙했던 이유는 군사작전의 목표를 조선으로 정했기 때문이 아니다. 조선을 먼저 복속시킨 후 조선의 힘까지 합해서 명나라 정복을 도모한다는 복합적인 목표를 가지고 있었기 때문이다.

도요토미는 조선의 왕에게 보낸 국서에서 "정명향도 가도입명征明嚮導 假道入明"이라고 썼는데, 이 글에서 알 수 있듯이 조선이 일본의 부하가 되어 일본군의 앞에 서서 중국으로 인도할 것을 요구했다. 도요토미는 한양을 점령한 후 중국을 정복하여 천황을 북경에 모시고 인도 정복에 착수한다는 비전을 발표했다. 일본의 국력에 비해 너무 큰 그림을 그리고 있었다.

도요토미 자신도 어느 정도 문제의식을 갖고 있었기 때문에 조선의 조력이 필요하다고 판단했지만 조선의 조력 가능성은 거의 0에 가깝다는 현실을 간과했다. 역사적으로 한반도에는 일본열도를 한 수 아래로 인식하는 우월의식이 존재했고 조선은 건국 후 200년간 명나라의 제후국이라는 국제질서에 순응하고 있었기 때문이다.

게다가 조선군의 전투력도 수준급이어서 일본군이 쉽게 점하기 어려웠다. 조선 육군은 비격진천뢰, 화차, 신기전 같은 당시 세계 최고 수준의 명품 화약무기로 무장하고 있었다. 이순신 제독이 이끄는 조선 함대는 우수한 함포로 무장하고 세계 최초의 철갑돌격선인 거북선을 운용하고 있어서 해상 전투력도 세계 최고 수준이었다.

조선의 군사편제인 제승방략은 상비군이 적은 데다 여진족에 대비하여 주로 북방에 배치되어 있었다. 전쟁이 일어나면 필요한 병력을 동원하는 체제라서 개전 초기에는 일본군의 빠른 진격에 대응하지 못했다. 하지만 시간이 지나면서 조선군은 체계를 갖추게 되었고 전투력이 급상승했다. 조선군이 체계를 갖춘 후 벌어진 첫 번째 전투는 행주산성 전투였다. 행주산성에서 권율 장군이 이끄는 3000명의 조선군은 막강한 화력을 앞세워서 조선군의 10배가 넘는 3만 명의 일본군을 격파했다.

한편 조선의 지형은 산악지대가 대부분이고 도로망도 빈약

해서 일본 육군은 필요한 식량, 무기, 탄약을 육로를 통해 공급하기 어려웠다. 당시 조선은 식량 부족에 시달리고 있었으므로 일본군이 식량을 현지에서 조달하기도 어려웠다. 부산에서 남해를 거쳐 서해로 북상하는 방식을 고려할 수 있었지만 이 길은 조선 해군에 가로막혀 있었다. 일본군의 실력으로는 명나라 군대는커녕 조선군을 상대하기도 버거운 것이 현실이었다.

여기에다가 명나라는 일본군이 중국 본토를 위협하지 않게 할 목적으로 한반도에 명나라 군대를 전진 배치했다. 이에 따라 시작부터 현실성이 크게 부족했던 도요토미의 큰 그림은 좌절될 수밖에 없었다.

여기서 필자가 "전투에 참가한다"거나 "파병한다"는 표현을 쓰는 대신 "전진 배치"라는 군사용어를 쓴 이유는 명나라 군대가 전투에 적극적으로 참여하지 않았기 때문이다. 명군은 제2선에서 포병사격이나 하다가 전투에서 이기면 생색을 냈고, 전투가 불리한 방향으로 흐르면 조선군을 도와주지 않고 먼저 퇴각하는 행태를 보였다. 명군 지휘관의 목표는 일본군을 격멸하는 것이 아니라 일본군의 중국 영토 진입을 막는 것이자 명군의 인명 손실을 최소화하는 것이었다.

일본군을 격멸하면 도요토미 히데요시가 격노하여 광둥이나 산둥으로 직접 상륙할 수도 있기 때문에 명군 지휘관들은 일본군 격멸을 오히려 피해야 했다. 명나라 군대는 평양성 전투와 벽제관 전투 이외에는 직접 일본군과 격돌하지 않았다. 평양성 전투는 수세에 몰린 일본군이 저항하면 명군이 큰 손실을 입을까 봐 이여송이 퇴로를 터주고 후퇴할 것을 권고했고 고니시가 이 권고를 받아들여 철수함으로써 처절한 전투가 없었다. 그리고 벽제관 전투에서는 추격에 나선 명군이 일본군에 크게 패했다. 명나라가 조선을 구한 것이 아니라 조선이 명나라의 방패막이가 되어주었던 것이다.

비스마르크의 작지만 큰 꿈: 독일 통일 전쟁

비스마르크는 수상 취임연설에서 독일 통일 등 "당면과제의 해결은 오직 철과 피로만sondern durch Eisen und Blut 가능하다"라고 발언해서 철혈재상이라는 별명을 갖고 있었다.

독일 통일이라는 어려운 과제를 달성한 프로이센의 총리 오토 폰 비스마르크Otto von Bismarck는 언어에 재능을 보여 영어, 프랑스어, 러시아어, 이탈리아어, 스페인어, 그리스어, 라틴어를 모두 자유롭게 구사할 수 있었다. 비스마르크의 탁월한 언어능력은 독일 통일 과정에서 외국의 동향과 관련된 필요한 정보를 수집하고 어려운 외교문제를 해결하는 데 큰 도움이 되었다.

19세기의 독일은 많은 작은 나라로 쪼개져 있었다. 그중에서도 오스트리아와 프로이센이 군사 강국 역할을 하고 있었는데, 오스트리아가 더 큰 영향력을 행사했다. 1815년 워털루 전투에서 고전하던 영국군을 구원하고 나폴레옹을 격파한 군대는 블뤼허가 이끄는 프로이센군이었다. 워털루 전투 이후 프로이센의 국제적 지위가 높아졌지만 독일 통일은 쉬운 과제가 아니었다. 우선 프로이센에 우월감을 갖고 있는 오스트리아가 프로이센이 주도하는 독일 통일을 원하지 않았다. 프랑스도 프로이센의 힘이 더 강해지면 자신들의 안위를 위협할 것이라고 생각했다.

1866년에 비스마르크는 우선 오스트리아와 전쟁을 벌였고, 오스트리아를 제압함으로써 독일 통일의 첫 번째 장애물을 제거했다. 1870년에는 프랑스의 선제공격을 유도하여 국제여론을 프로이센에 우호적으로 돌린 다음 프랑스를 완벽하게 제압했다. 이로써 두 번째이자 가장 큰 장애물을 제거했다. 그러나 비스마르크는 다음 단계로 나아가기에 앞서 러시아와 영국의 입장에 대해 신중하게 생각했다. 오스트리아를 처리하는 문제 때문이었다.

유럽 국가들은 프로이센이 독일을 통일하는 것에 대해 경계심을 가지고 예의주시하고 있었다. 한때 유럽 최고의 강국

오스트리아-헝가리 제국의 주인으로 군림했던 오스트리아까지 프로이센 휘하에 들어간다면 헝가리를 분리하여 독립시킨다고 해도 러시아가 불편하게 생각할 것이었다. 영국도 대륙의 강대국 출현을 반기지 않고 있었다.

오스트리아 국민은 같은 민족이고 독일어를 쓰기 때문에 진정한 민족 통합을 이루려면 오스트리아까지 합쳐야 했다. 그러나 비스마르크는 오스트리아까지 포함하는 대독일 통일과 오스트리아를 제외한 소독일 통일 중에서 소독일 통일을 선택했다. 오스트리아까지 포함할 경우 러시아와 영국의 개입으로 일을 그르칠 가능성이 있었고, 통일된 독일 안에서 프로이센과 오스트리아가 주도권 다툼을 벌여 경우에 따라서는 독일연방이 분열되고 통일이 와해될 가능성도 있었기 때문이다.

비스마르크는 현실적인 꿈, 서두르지 않고 단계적으로 차근차근 목표를 향해 전진하는 끈기, 용의주도하고 치밀한 계산을 통해 독일 통일이라는 어려운 목표를 달성했다. 비스마르크가 꾼 통일의 꿈은 작았지만 결과적으로는 큰 꿈이었다. 아메리카 인디언식으로 표현하면 "리틀 빅 드림Little Big Dream"이라고 할 수 있을 것이다.

상징성에 집착하면 일을 그르친다

한국은 섬유산업과 같은 경공업으로 시작했다. 이후 중화학공업으로 진출하려 하자 거의 모든 전문가가 회의적인 반응을 보였다. 하지만 우려를 깨고 보기 좋게 성공해 세계적인 제조업 강국이 되었다.

삼성그룹은 이병철 창업회장이 처음 사업을 시작한 삼성상회와 제일모직 공장을 보존하고 성역화하고 있다. 하지만 상징성에 얽매이지 않고 업종다각화를 통해 산업구조 변화에 기민하게 적응해 왔다. 삼성그룹은 식품, 섬유분야에서 시작해서 성장의 기틀을 다졌지만 산업구조가 고도화되는 과정에서 전자, 반도체, 바이오분야에 진출해서 큰 성공을 거두었고 지금은 한국을 대표하는 그룹으로서의 위상을 지키고 있다. 만약 삼성그룹이 식품, 섬유분야가 가진 상징성에 많은 의미를 부여하고 그룹의 성장 초점을 바꾸지 않았더라면 오늘날의 삼성그룹은 존재하지 않았을 가능성이 크다.

인간사회에는 체면이라는 것이 있다. 서양보다는 동양에서 체면을 더 중시하는 경향이 있다. 체면을 유지하는 데에는 이런저런 비용이 들어간다. 히틀러는 동맹국들에 잘했다. 아프리카에서 고전하는 무솔리니를 지원하기 위해 롬멜의 기갑부대를 보냈다. 일본군이 제공권을 상실하고 고전하자 전투기를 업그레이드하도록 돕기 위해 독일 전투기의 설계도면을 일본에 제공했다. 히틀러는 독일군의 전황이 좋지 않은 때에도 무솔리니를 지원하는 모습을 보였는데 이는 히틀러가 체면과 명분을 중시하는 성격임을 짐작하게 하는 사례로도 볼 수 있다.

1942년 8월부터 약 5개월 동안 치러진 스탈린그라드 전투는 스탈린그라드가 지닌 전략적 가치 이상으로 병력투입 규모가 커지고 엄청난 인명 손실을 초래한 전투이다. 스탈린그라드는 볼셰비키 혁명 이후 신흥공업도시로 발전한 곳으로, 볼가강 물류의 중심이었다. 독일군 입장에서는 군사작전만 생각하면 폭격으로 군수공장을 파괴하면 되었고, 스탈린그라드가 아니더라도 볼가강의 적당한 지점을 차단하여 물류를 마비시키면 될 일이었다. 소련군 입장에서는 스탈린그라드의 주요 군수산업 시설을 안전한 곳으로 옮기면 될 일이었다.

하지만 스탈린그라드 전투는 사상자 수가 독일군과 소련군을 합쳐 200만 명에 육박하는 역사상 가장 참혹했던 전투 중 하나로 알려져 있다. 전투가 한창 치열했던 때에는 전투에 투입된 소련군 신병의 평균 생존기간이 24시간에 불과했다. 어찌된 일일까?

히틀러는 왜 스탈린그라드로 갔을까

프랑스를 점령해서 기세를 올린 히틀러는 영국을 굴복시키고 싶었다. 하지만 해군력에서 영국의 상대가 되지 못했고, 육군을 영국에 상륙시키는 작전은 엄두도 내지 못했다. 이때 공군 사령관 헤르만 괴링Hermann Göring이 근사해 보이는 작전을 제안했다. 독일 공군의 전력으로 영국을 몰아붙이면 영국의 항복을 받아낼 수 있다는 것이었다.

히틀러가 괴링의 제안을 받아들여 영국을 공습하기 시작했는데, 이것이 영국 본토 항공전이다. 1940년 10월부터 약 4개월간 진행된 영국 본토 항공전은 괴링의 호언장담대로 진행되지 못했다. 독일은 독일의 전투기와 폭격기를 총동원해 영국을 공격했지만 결과적으로 영국을 굴복시키지 못했다. 독일은 수많은 항공기와 베테랑 조종사들을 잃었을 뿐 아니라 귀중한 연료와 탄약을 대거 소모하는 바람에 향후 전개되는 소련과의 전쟁과 연합군과의 전투에서 연료와 탄약 부족으로 어려움을 겪었다.

괴링이 오판한 것은 독일군의 전투기가 영국군의 전투기보다 성능이 더 뛰어나다고 생각한 데서 비롯되었다. 그러나 영국은 산업혁명의 발상지여서 산업기술의 수준이 높았고 특히 항공기엔진 기술은 세계 최고 수준이었다. 괴링은 영국의 항공기엔진 기술 수준에 관한 사전 지식 없이 근거 없는 자신감을 보였던 것이다. 막상 독일 전투기와 영국 전투기가 맞붙어 싸우자 영국의 전투기는 독일 전투기와 대등한 성능을 보였고, 독일 공군이 영국 공군을 압도할 것이라는 예상은 보기 좋게 빗나갔다.

또 하나의 변수는 레이다였다. 독일군이 공습부대를 보내면 이 부대가 도버해협을 건너기도 전에 영국 레이다에 감지되어 영국군 전투기들이 요격에 나섰다. 영국군 전투기의 요격을 피해 살아남은 폭격기들이 폭격 지점에 다가가면 준비하고 있던 대공포가 불을 뿜었다.

영국 본토 항공전이 영국의 승리로 끝나자 그때까지 승승장구하며 독일 국민을 열광시켰던 히틀러의 권위에 흠집이 났다. 히틀러는 본토 항공전이 종료된 후 체면을 회복하기 위한 화살을 소련을 향해 날렸다. 1941년 6월 독일군의 소련 침공 작전인 바르바로사 작전Operation Barbarossa이 개시되었다. 독일군은 기갑전력을 이용한 빠른 기동전을 통해 소련으로 진격했지만 모스크바 점령에 실패했고 1941년 12월 들어 소련군의 반격으로 후퇴하게 되었다.

히틀러는 "우리가 문을 박차고 들어가면 저 엉터리 건물은 스스로 무너진다"라고 큰소리치며 소련군을 얕보았다. 독일군부도 작전 개시 후 12주 안에 소련을 굴복시킬 수 있다는 자신감을 보였지만 소련군은 그리 만만하지 않았다. 사실 볼셰비키 혁명 이후 산업화에 박차를 가했던 소련은 개전 당시 전투기와 전차를 생산하는 능력이 독일을 앞섰다. 독일군이 침공하자 소련 정부는 주요 군수산업 시설을 우랄산맥 동쪽으로 옮겼다.

만약 독일군이 개전과 동시에 모스크바를 향해 질주하는 대신 소련의 군수산업 시설부터 마비시키는 전략을 채택했더라면 전쟁의 양상은 달라졌을 것이다. 그러나 독일군 지휘부는 소련의 산업역량에 대한 사전 지식이 크게 부족했던 것으로 보인다. 독일군 지휘부는 프랑스 점령 당시 효과 있었던 기동전투방식을 과신했지만 소련군의 종심작전에 관한 이해도는 낮았던 것으로 보인다.

소련군은 기갑전력과 항공전력을 입체적으로 활용하는 종심작전 이론을 정립했고 일본 관동군과 싸운 할힌골 전투에서 이 이론을 실전에 적용하여 큰 성공을 거둔 경험을 갖고 있었다. 즉, 기갑전력을 활용한 기동전투에서도 소련군이 결코 밀리지 않는 전투역량을 보유하고 있다는 사실을 독일군은 몰랐던 것이다. 독일군 지휘부는 현대화된 소련군을 제1차 세계대전 당시 타넨베르크 전투에서 상대했던 러시아제국 군대 정도로 낮추어 보는 오류를 범했다.

모스크바 점령에 실패한 후 전선을 뒤로 물린 독일군과 소련군이 일진일퇴하면서 전선이 소강상태에 들어가자 히틀러는 연료 부족 문제를 해결하기 위해 소련 남부 캅카스 유전지대를 점령하고자 노렸다. 그런데 여기서 히틀러는 군사작전 측면에서 볼 때 이해하기 어려운 결정을 내렸다. 그렇지 않아도 병력이 부족한 상황에서 병력을 집중하지 않고 분산시켰던 것이다. 히틀러는 캅카스로 진격하던 남부집단군을 둘로 나누어 하나를 스탈린그라드로 보냈다. 결과적으로 군사역량이 분산되어 캅카스 유전지대를 확보하기도 어렵고 스탈린그라드를 점령하기도 어려운 상황으로 스스로 걸어 들어갔던 것이다.

스탈린그라드는 현재의 명칭이 볼고그라드인 데서 알 수 있듯이 볼가강 유역의 도시이다. 원래 이름은 차리친이었는데 공업도시로 발전하면서 스탈린그라드로 개명되었다. 스탈린그라드가 공업도시이고 볼가강 물류의 중심지여서 전략적 가치가 상당히 컸지만 독일군 장성들은 이곳을 굳이 점령할 필요는 없다고 판단하고 있었다. 공업생산시설은 폭격기를 투입해 파괴하면 되었고, 볼가강의 물류를 마비시키는 것은 굳이 스탈린그라드가 아닌 다른 항구를 점령해 요새화하면 되었기 때문이다.

하지만 히틀러는 스탈린그라드 점령을 고집했다. 스탈린그라드 점령이 불필요하다는 의견을 제시한 육군참모총장 프란츠 할더 장군을 해임할 정도로 강경했다. 영국 본토 항공전 패배에 이어 모스크바 점령 실패로 체면을 구긴 히틀러는 무언가 상징성 있는 군사적 업적이 필요하다고 생각했던 것이다. 소련 지도자의 이름을 딴 산업도시인 스탈린그라드를 점령하는 것은 나름 상징성이 컸다.

스탈린은 왜 스탈린그라드를 사수했을까

볼가강의 작은 항구도시 차리친은 1918년 5월부터 1920년 1월까지 공산혁명을 지지하는 적군과 공산혁명을 반대하는 백군 사이에 치열한 전투가 벌어졌던 곳이다. 전투는 백군이 차리친을 포위 공격함으로써 시작되었는데, 이 전투에서 처음에는 백군이 차리친을 점령하며 기세를 올렸다. 하지만 적군이 반격을 가해 차리친을 탈환했고, 최종적으로 적군이 승리하면서 백군에게 결정적인 타격을 가했다. 차리친 전투에서 패퇴한 백군은 그 후 패전을 거듭하며 몰락했다. 러시아의 적백내전에서 적군의 승리를 굳힌 결정적인 계기가 바로 차리친 전투였다.

차리친은 공산혁명의 성지처럼 인식되면서 소비에트의 중요한 공업도시로 개발되었다. 스탈린이 권좌에 오른 후인 1925년에 차리친 전투를 승리로 이끈 주역이 스탈린이었다고 하여 그의 이름을 따서 스탈린그라드로 도시 이름을 바꾸었다(차리친 전투 당시 스탈린은 야전 지휘관이 아니라 남부 캅카스 지역의 식량 조달 책임자였으므로 차리친 전투에서 스탈린이 얼마나 큰 역할을 했는지는 따져볼 여지가 있다).

스탈린은 자기 이름이 들어 있는 도시 스탈린그라드에 큰 애착을 가지고 이곳을 중공업도시로 그리고 볼가강 수운과 철도 수송의 환적지로 발전시켰다. 그렇기 때문에 스탈린그라드가 독일군에 점령된다는 것은 국가적으로는 볼셰비키 혁명의 성지가 짓밟히는 것이었고, 스탈린 개인적으로는 자신의 명예와 권위가 심각한 손상을 입는 것이었다. 스탈린으로서는 어떤 비용을 지불하더라도 반드시 스탈린그라드를 사수해야 했다. 소련 군부 지도자들도 차리친 전투가 지닌 역사적 의미를 잘 알고 있었기에 스탈린그라드를 지켜야 한다는 스탈린의 입장을 지지했다.

결국 히틀러는 히틀러대로 스탈린은 스탈린대로 상징적 의미가 큰 스탈린그라드 전투를 승리로 이끌어야 할 절실한 이유가 있었다.

스탈린그라드 전투의 전개 과정

히틀러는 스탈린그라드에 전투경험이 풍부한 제6군을 투입했다. 제6군은 평야지역에서 치르는 기동전투에 능한 부대였다. 하지만 스탈린그라드는 독일군의 항공폭격과 포병화력에 의해 파괴되어 건물 잔해가 곳곳에 쌓여 있었으므로 독일군의 장기인 기동전투가 불가능했다. 1942년 8월에 시작된 스탈린그라드 전투는 소총과 수류탄을 사용해 적 보병을 일일이 섬멸하면서 전진해야 하는 일명 생쥐 전투Rattenkrieg 양상으로 전개되었다. 따라서 독일군에 상대적으로 불리했다. 그럼에도 불구하고 독일군은 스탈린그라드의 90%에 해당하는 지역에서 소련군을 몰아내며 분전했다.

하지만 독일 제6군에는 치명적인 약점이 있었다. 남부집단군을 둘로 나누어 전선을 확장하다 보니 병력이 부족했던 것이다. 그리하여 제6군의 측면을 보호하는 역할은 전투력이 떨어지는 루마니아군과 이탈리아군, 그리고 헝가리군에 맡기고 있었다. 소련군 지휘부는 제6군의 양 날개가 허약하다는 점에 주목했다. 1942년 11월 소련군은 대규모 병력을 동원해 독일 제6군의 좌익과 우익에 있는 루마니아군을 비롯한 주축국 연합군을 격파한 뒤 우회하여 스탈린그라드의 제6군을 완전히 포위했다. 이로써 단숨에 전세를 역전시켰다.

소련군에 포위된 제6군 사령관 파울루스 대장은 히틀러에게 행동의 자유(끝까지 싸우든지, 탈출하든지, 항복하든지)를 요청하고 강행 돌파하여 탈출할 생각이었다. 하지만 히틀러는 이 요청을 거부하고 끝까지 싸우라고 명령했다. 히틀러와 참모진은 공중 보급을 통해 제6군의 전투력을 유지할 수 있다고 생각했다. 하지만 소련군은 스탈린그라드 주변에 대공화기를 집중 배치하는 한편, 스탈린그라드의 독일군 비행장뿐 아니라 스탈린그라드로부터 항공작전 반경 안에 있는 독일군 비행장까지 모두 공격하여 파괴함으로써 독일군의 공중 보급 가능성을 원천 차단했다.

스탈린그라드의 독일군은 보급 부족으로 굶다시피 했고 탄약과 연료도 바닥을 보이기 시작했다. 그러자 포위당한 직후 유지했던 전투력이 고갈되어 탈출 작전을 시도할 만한 공격 능력마저 완전히 상실했고 전멸의 위기를 맞이했다. 돈Don 집단군 사령관 에리히 폰 만슈타인Erich von Manstein 원수가 제6군

구출작전을 시도했지만 역부족으로 실패했다. 히틀러는 파울루스 대장을 원수로 진급시키며 전원옥쇄를 은근히 강요했지만 제6군 장병들의 분위기는 험악해졌고 무단으로 소련군에 항복하는 단위부대까지 생기기 시작했다. 더 이상 버티기 힘들다고 판단한 파울루스 사령관은 1943년 2월 항복을 선택했다. 이로써 스탈린그라드 전투는 소련군의 대승리로 종결되었다.

스탈린그라드 전투의 결과가 미친 영향

독일군은 스탈린그라드 전투에서 불필요하게 많은 전투역량을 소모함으로써 전력이 크게 약화되었고, 그 결과 동부전선의 주도권을 소련군에 내어주었다. 이후 독일군은 1943년 7월에 벌어진 쿠르스크 공세에서 반전을 시도했지만 주도면밀하게 독일군 기갑전력 무력화 작전을 수행한 소련군에 다시 패배했다.

독일군은 이제 소련군을 상대로 공세를 취할 여력을 완전히 상실하면서 기약 없는 퇴각의 길로 몰렸다. 엎친 데 덮친 격으로 쿠르스크 전투를 개시한 직후 연합군이 이탈리아의 시칠리아섬에 상륙했고, 1944년 6월에는 노르망디에 연합군이 상륙했다.

이로써 연합군이 유럽전선에 투입되기 전에 소련군을 격파한다는 히틀러의 계획은 물거품이 되고 말았다. 전투력이 고갈되는 상황에서 동서 양면으로부터 압박을 받는 최악의 양면전쟁 국면으로 몰렸던 것이다.

독일군의 패배는 이제 시간 문제였다. 스탈린그라드에서 승리한 소련군은 스탈린그라드에서 항복한 독일군 포로들을 남루한 차림으로 모스크바에서 행진시켜 독일에 모욕을 주는 한편 소련군과 국민의 사기를 올리는 수단으로 활용했다.

스탈린그라드 전투는 제2차 세계대전의 향방을 결정한 중요한 전환점이었다. 만약에 스탈린그라드 전투에서 독일군이 승리했다면 어떻게 되었을까? 소련군이 붕괴되고 소련이 항복했을까? 소련군은 독일군이 생각했던 것보다 훨씬 많은 병력을 보유했고 무기 생산능력도 독일에 앞서 있었기 때문에 스탈린그라드에서 독일군이 승리했더라도 종국적으로 소련을 굴복시키는 어려웠을 것이다. 프란츠 할더 독일 육군참모총장은 “우리가 소련군을 과소평가했다. 우리가 소련군 12개 사단을 섬멸하면 그들은 순식간에 12개 사단을 새로 만들어 낸다”라고 했다. 소련의 풍부한 인적 자원과 물적 자원, 그리고 제정러시아를 무너뜨리고 산업화에 성공하고 있는 조국을 수호하겠다는 소련 국민의 결기를 넘어서기에는 독일의 국력이 충분하지 못했다.

소모전 관점에서의 재평가

군사작전 교리서를 보면 제일 많이 등장하는 단어가 기만deception, 기습surprise, 경제성economy, 능률efficiency, 효과성effectiveness이다. 군사작전은 적을 속여 적이 모르는 장소에서 적이 모르는 시간에 적에게 기습을 가해야 공격이나 방어의 효과를 극대화할 수 있다. 또한 병력과 장비를 필요한 만큼 동원하고 효율적으로 운용하여 가장 경제적인 방법으로 작전목표를 달성해야 지속가능한 전투능력을 유지할 수 있다. 군사교리에 충실하다면 정치적인 상징성을 위해 병력과 장비를 소모하는 일은 피해야 한다. 하지만 스탈린그라드 전투는 독일군 입장에서나 소련군 입장에서 볼 때 위에 제시한 다섯 가지 개념에서 많이 동떨어져 있었다.

스탈린그라드의 참극은 군사교리에 충실하지 않고 개인의 정치적 입지에만 몰두한 히틀러와 스탈린 모두에게 책임이 있지만 히틀러의 책임이 훨씬 막중하다. 히틀러는 스탈린그라드 점령이 불필요하다는 프란츠 할더 육군참모총장의 판단을 비웃었지만, 군사전략 전문가인 그의 의견을 마땅히 존중했어야 한다. 히틀러는 연이은 패전으로 자신의 정치적 입지가 흔들리는 상황이었지만 보다 인내심을 발휘해서 전투를 정석대로 수행하고 의미 있는 군사적 승리를 챙긴다는 자세를 견지했어야 한다.

스탈린도 상징성에 집착했다는 비난을 받을 소지가 분명히 있지만 히틀러의 지나친 집착으로 소모전이 계속되면서 전술적인 측면에서 볼 때 스탈린의 입장은 사후적으로 합리화될 수 있는 여지가 마련되었다. 소모전이라는 관점에서 평가하면 스탈린그라드 전투는 상대적으로 병력이 많은 소련군이 병력이 모자라는 독일군에 출혈을 강요함으로써 독일군 전투력의 고갈을 앞당긴 것이라고 볼 수 있다.

소련군 지휘부가 사전에 소모전을 구상한 것은 아니지만 사후적으로 평가하면 스탈린그라드 전투가 소련에 유리한 소모전이 되는 결과를 낳았다. 즉, 스탈린이 정치적 상징성도 확보하고 전술적 이득도 챙긴 전투라고 할 수 있다.

상대방의 움직임을 알고 있어야 한다

경쟁회사가 어떻게 움직이는지 파악하는 것은 매우 중요하다. 경쟁회사가 생산시설을 늘리는지, 신제품을 내놓는지, 산업판도를 바꿀 신기술이 출현할 가능성이 있는지 신경 써야 한다. 정신줄 놓고 있으면 경영 악화를 겪게 될 것이고 종국에는 시장에서 퇴출될 것이다.

코닥, 후지와 같이 사진기 필름 생산으로 잘 나가던 업체는 디지털카메라가 출현해 필름이 필요 없어지자 큰 경영위기를 겪었다. 코닥의 경우 내부 연구진이 디지털카메라 개념을 제시하고 시제품을 제작하여 1977년에 특허까지 받았다. 하지만 당시 시제품은 너무 커서 휴대하기 어려웠고 흑백사진만 저장이 가능했다. 코닥 경영진은 디지털카메라의 상용화가 아직은 이르며 필름시장이 더 지속될 것이라고 판단해 디지털카메라의 경량화, 컬러사진 저장 등의 상용화를 위한 노력을 미루었다. 그러나 예상보다 빠른 1981년에 소니가 휴대 간편한 소형 디지털카메라 마비카Mavica를 출시하면서 시장 판도가 바뀌었다.

규제당국의 움직임을 파악하는 것도 중요하다. 화학제품 제조회사의 경우 생산하고 있는 품목이 규제대상 리스트에 오르면 큰 타격을 받으므로 규제당국의 움직임과 학계의 연구결과를 예의주시해야 한다. 학계에서 독성연구 결과가 나오고 규제당국이 확인단계에 들어가면 관련 제품 라인의 축소 또는 폐쇄를 선제적으로 검토해야 한다.

전쟁터에서는 비교적 단순하다. 적군의 움직임을 정확하게 파악하는 것이 승리의 필요조건이다. 상대방의 움직임을 놓치면 기습공격을 받아 치명타를 입을 수 있고 기습공격을 할 때 효과가 반감될 수 있다. 1941년 12월 일본 연합함대의 진주만 공습은 성공한 작전으로 알려져 있지만 미군 함대 이동 상황에 관한 정보가 부족하여 미군 함대에 치명적인 타격을 가하는 데에는 실패했다. 6개월 후인 1942년 6월 미드웨이 해전에서 미군은 일본 연합함대의 항공모함 4척을 모두 격침시키며 대승을 거두었다. 일본 연합함대의 움직임을 미리 알고 공격 개시 지점 근처에서 매복하고 있다가 기습했기 때문이다.

일본군이 큰 맘 먹고 결행한 진주만 공습의 목표는 '미군 태평양함대의 궤멸'이었다. 당시 진주만 공습에서는 이 목표를 달성하지 못했다. 따라서 미드웨이 해전에서 일본군이 패배한 근본적인 원인은 진주만 공습에서부터 비롯되었다고 할 수 있다.

진주만 공습은 실패한 작전이다

일본 연합함대는 1941년 12월 7일 선전포고도 없이 6척의 항공모함에 실려 있는 폭격기와 전투기를 동원하여 하와이 진주만을 공습했다. 2차례에 걸친 공습으로 정박해 있던 미군 군함들을 무차별 폭격했지만 영양가는 별로 없었다. 현대 해전의 주축인 항공모함은 단 1척도 피해를 입지 않았고 전함, 순양함, 구축함만 피해를 입었기 때문이다. 공습 당시 항공모함은 모두 출항하여 훈련 중이었으므로 진주만에는 단 1척의 항공모함도 정박하고 있지 않았다. 일본 연합함대는 공습의 주된 공격목표여야 하는 항공모함의 소재를 파악하려는 노력을 기울이지 않았던 것이다.

연합함대 사령관 야마모토 이소로쿠 제독은 항공모함의 항공전력이 현대 해전의 주역이라고 믿고 있었다. 하지만 일본 해군 수뇌부에는 러일전쟁의 쓰시마 해전과 같이 거대 전함끼리 맞붙어 포격으로 승부를 내는 함대결전 사상을 신봉하는 간부들이 많았다. 불행하게도 진주만 공습을 현장에서 지휘한 나구모 주이치 제독도 어뢰 전문가로서 함대결전 사상의 신봉자였다.

한편 일본 연합함대는 진주만에 있던 미군의 유류저장고를 폭격하지 않고 귀환하는 의외의 행보를 보였다. 유류저장고를 파괴했더라면 미군 태평양함대의 발을 오래 묶어둘 수 있었고 태평양함대의 기지가 캘리포니아까지 후퇴할 수도 있었다. 미군으로서는 불행 중 다행이었던 셈이다. 이로 인해 미군은 미드웨이 해전에서 전세를 역전시킬 수 있는 최소한의 전투력을 보존할 수 있었다.

미군 태평양함대는 일본 항공모함의 소재와 움직임을 파악하지 못하는 바람에 하와이 인근 공해상까지 몰래 접근한 6척의 항공모함에 의해 함대가 전멸될 뻔했다. 진주만 공습은 일본군과 미군 모두 정보 수집에 실패한 사례였다. 다만, 미군의 운이 더 좋았기 때문에 마침 항공모함들이 자리를 비우고 있어 화를 면했고 나구모 제독의 오판으로 유류저장고도 피해를 입지 않았다. 일본군의 사전 정찰이 부족했던 데다 일본 해군 수뇌부가 항공모함의 전술적 가치와 유류고 파괴의 전술적 의미를 제대로 이해하지 못한 것이 미군의 숨통을 틔우는 결과를 낳았다. 일본군의 뼈아픈 실책이었다.

미드웨이에서 기다리고 있던 미군 함대

1941년 6월의 미드웨이 해전은 미군이 전력상의 열세를 딛고 일궈낸 결정적인 승리였다. 항공모함 기준으로만 보더라도 일본군은 4척(아카기, 카가, 소류, 히류)을 보유하고 있었고, 미군은 3척(호넷, 엔터프라이즈, 요크타운)을 동원했다. 게다가 미군의 항공모함 요크타운은 1개월 전 산호해 해전에서 큰 피해를 입어 작전불능 상태였다가 긴급 복구된 불완전한 상황이었다.

그런데도 미드웨이 해전에서 미군이 승리할 수 있었던 이유는 미군이 상대방의 움직임을 훤히 파악하고 있었기 때문이다. 미군 통신감청반은 일본군의 암호를 해독하는 데 성공해 일본 연합함대의 미드웨이 공격계획을 사전에 파악했다.

미군은 일본 연합함대의 작전 개시 지점 인근에 매복해서 기다리다가 돈트리스 급강하 폭격기로 기습해 일본 항공모함 4척을 모두 침몰시키는 대승을 거두었다. 미군은 긴급 복구해 전투에 투입했던 요크타운 1척을 잃는 데 그쳤다.

일본군은 미드웨이로 주력을 보내면서 동시에 알래스카 방면으로도 별도의 항공모함 전단을 보냈다. 미드웨이 공격작전을 은폐하기 위한 양동작전이었는지, 알래스카까지 점령하려 했는지 모르겠지만 결과만 놓고 보면 미드웨이섬으로 일본군의 모든 전력을 집중했어야 했다. 일본군이 가용한 항공모함 전부를 미드웨이 작전에 동원했더라면 미군이 미리 알고 매복했다가 선제 기습을 했더라도 항공전력의 열세로 일본군에 치명타를 입히는 데 실패했을 것이고, 거꾸로 반격을 당했을 가능성도 있다. 알래스카로 항모 전단을 보낸 것은 일본군 대본영의 작전 실패라고 보아야 한다.

미군은 산호해 해전에서 대파된 요크타운의 갑판을 긴급 수리하고 겨우 항해 가능한 상태로 만든 뒤 손실을 각오하고 미드웨이로 보낸 반면, 일본군은 같은 산호해 해전에서 경미한 피해를 입은 항모 즈이카쿠를 미드웨이로 보내지 않았다. 결전에 임하는 자세에서 볼 때 일본군은 쉽게 생각하여 방심했고 미군은 마지막 한 방울까지 쥐어짜는 처절한 노력을 기울였다 할 수 있다.

미드웨이 해전의 또 다른 주역은 레이다이다. 미군은 레이다를 운용하고 있었기 때문에 일본 공격기 편대가 항공모함으로 접근하면 미리 알고 전투기 편대가 출격했다. 그리고선 길목에서 기다리다가 요격을 가해 일본군의 예봉을 꺾었다. 이에 반해 레이다가 없는 일본군은 미군 공격기가 항공모함

상공에 나타나면 시력이 좋은 견시병들이 육안으로 발견하여 적기 접근을 알리는 원시적인 방법에 의존했다. 미군은 상대방의 움직임을 미리 파악하는 데 있어 월등한 위치에 있었기 때문에 객관적인 전력 열세를 극복할 수 있었다.

타넨베르크의 러시아군 평문통신

제1차 세계대전 초기, 독일군은 서부전선에 대부분의 전력을 투입했다. 러시아의 참전 속도가 느릴 것이므로 동부전선에는 러시아군의 진격을 견제할 소수 병력만 배치하고 서부전선에 집중해서 승기를 잡은 후에 동부전선으로 향한다는 작전개념이었다. 그러나 러시아군이 예상 외로 빨리 참전하여 독일 국경지대로 진격하자 타넨베르크에서 양군이 조우하게 되었다.

독일 국경으로 진출한 러시아군은 레넨캄프 장군의 제1군과 삼소노프 장군의 제2군이었는데 동부전선에 병력을 충분히 투입하지 않은 독일군으로서는 당혹스러운 상황을 마주하게 되었다. 독일군은 전투경험이 없는 제8군 사령관 프리트비츠 장군을 힌덴부르크 장군으로 교체하고 서부전선에서 1개 군단을 차출해 동부전선으로 급파했다.

제8군의 작전참모 호프만 중령은 러시아 제1군과 제2군의 간격이 많이 벌어져 있는 점에 주목했다. 호프만 중령은 러시아 제1군과 제2군이 간격을 줄이려는 노력도 하지 않고 서로 정보 교환도 하지 않는다는 사실을 파악했다. 러시아군은 암호를 쓰지 않고 평문통신을 하고 있어서 러시아군의 움직임과 상호 간의 통신내용이 모두 독일군에게 실시간으로 노출되었던 것이다. 호프만 중령은 러시아 제1군과 제2군의 벌어진 간극이나 주변의 지형을 감안할 때 두 부대가 합류하려면 많은 시간이 소요되므로 두 부대가 합류하기 전에 각개격파할 수 있을 것으로 판단했다.

호프만 중령은 힌덴부르크 장군이 도착하기도 전에 "일부 병력이 러시아 제1군을 견제하는 사이에 주력으로 제2군을 포위하여 섬멸하고, 그 후에 제1군을 포위하여 섬멸"하는 각개격파 작전계획을 수립했다. 그리고 이 작전을 실행에 옮겨 제8군의 예하 부대들은 이미 작전계획에 따라 병력을 이동하고 있었다. 각개격파는 시간싸움이기 때문에 힌덴부르크 장군이 도착한 이후에 작전을 개시하면 늦다고 판단했으므로 위험을 무릅쓰고 감행했던 것이었다.

힌덴부르크 장군은 전장에 도착한 후 호프만 중령의 작전계획을 보고받고 그대로 승인했다. 그 결과 독일 제8군은 서부전선에서 차출된 1개 군단 규모의 지원군이 도착하기도 전에 러시아군을 궤멸할 수 있었다. 타넨베르크 전투에서 독일군이 병력의 열세에도 불구하고 과감한 기동작전을 수립해 러시아군을 각개격파 전술로 궤멸시킬 수 있었던 원동력은 러시아군의 평문통신을 감청하여 러시아군의 움직임을 손바닥처럼 훤히 알고 대처했기 때문이다.

호프만 중령의 활약으로 동부전선에서 러시아군을 대파한 것까지는 좋았으나 서부전선에서 1개 군단을 차출함에 따라 서부전선이 교착상태에 빠지고 말았다. 1개 군단을 차출해서 발생한 취약 지점으로 프랑스군이 반격을 가했고 이로 인해 독일군 공격 전열이 멈춰 섰기 때문에 프랑스를 신속하게 제압한다는 작전계획에 차질이 생겼다. 서부전선이 일진일퇴의 지루한 참호전으로 돌입하자 독일의 부족한 인적 자원으로 서부전선을 돌파하는 것이 불가능해졌고 독일은 항복할 수밖에 없었다.

타넨베르크 전투는 전술적으로는 독일군이 승리했지만 독일군 지휘부의 오판(서부전선으로 병력 차출)으로 전략적으로는 패배한 전투라고 할 수 있다. 동부전선으로 지원 병력을 보낼 필요가 없었고 제8군도 이를 극구 사양했지만 독일군 지휘부는 그냥 밀어붙였다가 화를 자초하고 말았다.

디엔비엔푸 전투에서 프랑스군이 패배한 이유

1954년 3월에 시작되어 약 2개월 동안 치러진 베트남 디엔비엔푸 전투에서는 북베트남군이 승리했고 프랑스는 인도차이나 반도에서 완전히 손을 떼고 물러났다.

디엔비엔푸의 프랑스군 기지는 베트남 북부 라오스의 국경 근처 산악지대에 위치한 관계로 육상 보급에 제한이 있어 주로 공중 보급에 의존했다. 디엔비엔푸 기지는 북베트남군이 라오스로 우회하여 남베트남을 포위하는 작전을 수행하지 못하도록 하기 위해 건설된 것이었다. 그러나 적진 깊숙이 고립되어 있어 불안한 상황이었다.

하지만 프랑스군은 디엔비엔푸 기지가 고립된 산악지역이어서 적은 병력으로도 북베트남군을 방어하는 데 유리하다고 판단했는데, 특히 미국 공군이 도와주는 한 프랑스군이 제공권을 보유하고 있으므로 북베트남군을 수월하게 방어할 수 있을 것이라고 믿었다.

그러나 이러한 믿음에는 두 가지 사항이 전제되어야 했다. 첫째는 북베트남군이 대공화포를 보유하지 않고 있다는 것이고, 둘째는 북베트남군이 충분한 야포를 보유하지 않고 있다는 것이었다. 프랑스군은 항공정찰 결과를 분석한 후 디엔비엔푸 기지 인근에는 북베트남군의 대공포진지나 포병진지가 없다는 결론을 내렸다. 북베트남군의 공용화기는 박격포, 로켓포, 기관총 수준에 머물렀기 때문에 북베트남군은 디엔비엔푸 기지를 함락시킬 수 없을 것이라는 낙관론을 폈다.

그러나 막상 전투가 개시되자 1분당 50발의 야포 포탄이 디엔비엔푸 기지에 쏟아졌다. 프랑스의 항공기도 북베트남군의 치열한 대공포사격 때문에 기지에 접근하기가 어려웠다. 야포사격에 의해 활주로가 사용 불능 상태가 되자 산악지역에 고립되어 있어 공중 보급에 의존하던 디엔비엔푸 기지는 수송기로 보급을 받기 어려워졌다. 프랑스군은 북베트남군을 1개 사단 규모로 추측했는데, 북베트남군이 5개 사단을 동원하여 파상공세를 펼쳤고, 프랑스군은 결국 항복할 수밖에 없었다. 북베트남군의 완벽한 승리였다.

어떻게 된 일이었을까? 북베트남군은 야포와 대공포를 분해하여 일반 물자처럼 위장한 후 사람이 운반하는 방식으로 프랑스군의 항공정찰을 피했고 다시 조립한 포는 산에 터널을 파서 숨겨놓았던 것이다. 터널에서 나와 몇 발 포격을 가한 후 다시 터널로 숨기를 반복했으므로 프랑스군이 포병 사격을 통해 북베트남군의 야포를 파괴하는 것은 불가능했다. 결과적으로 북베트남군의 야포는 전투 중 단 1문도 파괴되지 않았다.

중요한 전투를 앞두고 항공정찰과 더불어 보병부대가 더

세밀하게 근접정찰을 했더라면 북베트남군의 기만작전을 파악할 수 있었을 것이다. 그러나 상황을 파악했다 해도 고립된 산악기지의 특성을 고려할 때 뾰족한 대책은 없는 상황이었다. 기지의 위치 선정부터 잘못되었던 것이다.

또한 프랑스군은 중국이 공산화되고 한국전쟁도 휴전 상태로 종결되어 중국이 북베트남에 대해 적극적으로 군사원조할 수 있는 상황이라는 점도 간과했다.

프랑스군은 북베트남군이 어떤 방식으로든지 충분한 양의 대공화포와 야포를 전투에 동원할 것이라는 전제하에 군사기지를 건설할 장소를 선택했어야 했다. 디엔비엔푸 전투는 세밀한 정찰활동을 통해 적군의 움직임을 제대로 예측하지 않은 실책의 대가를 확실하게 지불한 사례라 할 수 있다.

인천상륙작전은 과연 성공한 작전인가

한국전쟁 당시 낙동강을 경계로 치열한 전투가 벌어지는 중에 인천으로 미 해병 제1사단, 미 육군 제7사단과 국군 해병대가 기습 상륙했다. 이로써 한국전의 흐름이 완전하게 바뀌었고 북한군은 무질서하게 북한지역으로 퇴각했다. 하지만 퇴각하는 북한군을 추격하며 압록강까지 진출했던 미군과 국군은 한반도 깊숙이 몰래 잠입한 중공군에게 전면적인 기습 공격을 받아 궤멸적인 타격을 입고 후퇴하게 되었다.

중공군의 움직임을 제대로 포착하지 못하여 궁지로 몰린 연합군은 1950년 9월 28일에 수복했던 서울을 3개월이 조금 지난 1951년 1월 4일에 다시 공산주의 세력에 내어주게 되었다. 중공군은 중일전쟁과 국공내전에서 실전 경험을 많이 쌓은 노련한 장교와 사병들로 구성되어 있었고 야간전투에 능해서 제공권을 장악한 미군의 압박을 회피하면서 연합군을 밀어 내렸다.

중공군의 참전으로 큰 피해를 본 미군은 패배주의에 빠져 한때 한반도를 포기하고 제주도에 남한 망명정부를 수립하는 방안까지 검토했다. 하지만 매슈 리지웨이Matthew Ridgway 장군이 미 제8군 사령관으로 부임하면서 전선을 정비하고 반격을 가해 다시 서울을 탈환했다.

인천상륙작전은 적을 완전히 기만해 별다른 저항 없이 기습 상륙에 성공했고 낙동강 전선의 북한군을 패주시켰다는 점에서 일단 성공한 작전이었다. 하지만 상륙작전 이후 극동군 사령부가 중공군의 개입 가능성에 대비한 정보 수집과 정찰활동을 소홀히 했던 점은 두고두고 아쉬움이 남는다.

만약 미군과 국군이 신중하게 전진하면서 북한지역에 군사 거점과 보급선을 제대로 구축하고 세밀한 정찰활동을 벌였더라면 중공군이 대규모로 개입하기 어려웠을 것이다. 또는 중공군이 개입했더라도 정상적인 군사작전을 통해 충분히 제압할 수 있었을 것이다. 백보 양보해도 수도 서울을 다시 내어주는 황당한 상황은 없었을 것이다.

상륙작전은 해병대 병력이 상륙해 교두보를 확보한 후 병력을 축차 투입해 점령지역을 확대하고 전투 목표를 달성하는 과정이다. 인천상륙작전의 전투 목표는 무엇이었는가? 서울 수복이었다. 하지만 다시 서울을 빼앗겼으니 인천상륙작전을 성공한 작전으로 정의하는 데 주저함이 드는 것은 어쩔 수 없다.

제2차 세계대전 당시 노르망디에 상륙한 연합군이 파리를 탈환하고 프랑스를 해방시키는 데 실패했다면 노르망디 상륙작전은 실패한 작전으로 기억되었을 것이다. 독일군을 기만하고 노르망디에 기습 상륙하는 데 성공했다는 사실만으로는 성공한 상륙작전이라고 할 수 없기 때문이다.

관행이나 상식을 벗어날 때 더 소통해야 한다

상사가 부하 직원에게 지시를 내릴 때 지시하는 내용이 관행이나 상식에서 벗어난 경우가 있다. 보안을 위해 전체 계획을 보여주지 않고 부분만 보여주면서 관행이나 상식과 다르게 지시할 경우 부하 직원은 지시받은 내용이 부당하다거나 비논리적이라고 느낄 수 있다.

이때 의문을 표시하는 부하 직원에게 "그냥 시키는 대로 하지 웬 말이 많냐"라는 식으로 대응하면 또는 지시만 전하고 지시의 배경과 논리적 근거에 관해서는 입을 닫으면 부하 직원은 지시를 이행해야 하는 순간에 자기가 합리적이라고 생각하는 다른 방향으로 움직여 전체 판을 망가트릴 수 있다. 그렇기 때문에 부하 직원과 소통하고 토론함으로써 부당하거나 앞뒤가 맞지 않는 것처럼 보인다 하더라도 전체 그림에서 볼 때에는 올바른 선택임을 반드시 납득시켜야 한다.

레이테만 해전에서 일본 해군은 레이테만으로 상륙하는 미군과 수송선단에 결정적인 타격을 가할 절호의 기회를 포착했다. 하지만 주공부대인 구리타 함대가 뻥 뚫려 있는 레이테만으로 진입하지 않고 후퇴하는 어이없는 일이 발생했다.

또한 228년 촉나라와 위나라 간에 일어난 가정 전투에서는 촉나라 제갈량이 "높은 곳에 진을 치지 말고 낮은 곳에 진을 치라"라며 관행과 동떨어진 지시를 내렸는데 장수 마속이 이 지시를 이행하지 않고 산 위에 진을 쳤다가 참패하는 일도 있었다.

구리타 턴이 발생한 이유

1944년 10월 일본 해군은 필리핀 레이테만에 상륙하는 미군과 수송선단을 공격해 이들을 격멸할 계획을 세웠다. 그러나 4개월 전에 있었던 마리아나 해전에서 심대한 타격을 입은 일본 해군이 레이테만에 진입하는 것은 불가능한 일이었다. 그래서 미군의 주력 함대를 레이테만에서 멀어지도록 유인하고 그 틈에 구리타 제독의 함대가 레이테만에 진입하는 작전을 구상했다. 그런데 오자와 제독의 항공모함 전대는 미군 주력 함대를 유인하는 데 성공했으나 구리타 제독은 레이테만에 진입하지 않고 귀환해 두고두고 비난의 대상이 되었다. 일본 해군으로서는 아쉽기 그지없는 상황이었다.

구리타 함대의 참모장은 구리타 함대가 레이테만에 진입하는 것은 자살행위라고 생각했다. 게다가 함대가 상륙 중인 적의 육군을 공격하는 것은 함대와 함대가 맞붙어 승부를 내는 함대결전 사상과도 동떨어진 상식 밖의 작전개념이라고 생각했다. 연합함대의 참모장은 반발하는 구리타 함대 참모장과 토론을 벌였지만 구리타 함대의 참모장을 설득하는 데 실패했다.

그러자 서로 체면을 중시하는 일본 특유의 문화로 인해 이 중요한 임무를 두고 두 참모장 간에 타협안이 도출되었다. 타협안으로 나온 방안이 "레이테만에 진입하되 도중에 적의 주력 함대를 포착하면 주력 함대를 격멸한다"라는 것이었다. 그런데 적 주력 함대를 격멸하고 나서는 어떻게 할 것인가 하는 중요한 질문과 이에 대한 답은 미처 생각하지 못했는데 이것이 화근이었다.

구리타 함대의 지휘부는 약체 함대인 태피3 전대와 마주치자 이를 미군의 주력 함대라고 오판했다. 위기에 빠진 레이테만의 미군 상륙부대와 수송선단을 보호하기 위해 태피3 전대가 전멸을 각오하고 덤벼드니 그렇게 오해할 만도 했다. 게다가 통신 불량으로 오자와 함대가 발신한 "적 주력 함대를 유인해 내는 데 성공했다"라는 전갈도 받지 못한 상태였다.

태피3에 타격을 가한 구리타 함대는 적 주력 함대에 상당한 피해를 주었으니 이만 하면 되었고 연합함대 참모장과의 타협안에도 부합된다고 판단하고 기지로 돌아갔다. 구리타 함대의 임무는 미군의 필리핀 점령을 막기 위해 미군 상륙 병력과 수송선단을 격멸하는 것이었다. 그렇기 때문에 구리타 제독의 후퇴 결정은 용납할 수 없는 실책이었다.

군사작전에서 임무를 완수하기 위해서는 지시를 이행하는 과정에서 타협해서는 안 된다. 연합함대 참모장은 끝장을 볼 때까지 구리타 함대의 참모장을 설득해서 작전 개념을 이해시키고 부여된 임무를 완수하게 했어야 한다. 설득이 안 된다면 보직해임하고 새로운 참모장을 임명했어야 한다. 연합함대 참모장도 새롭고 기발한 작전 개념이 관행에서 벗어난 것이었기 때문에 성공에 대한 확신이 없었을지도 모른다. 어쩌면 상륙하는 적 육군 부대를 공격하는 것보다 적 해군의 주력을 격파하는 게 해군 본연의 임무라고 생각했을 수도 있다.

본인이 확신을 갖지 못하는 상태에서 강한 의문을 제기하는 상대방을 설득하는 것은 쉽지 않은 일이다. 연합함대 참모장이 구리타 함대 참모장과 같은 함대결전 사상을 믿고 있어 작전계획을 무단 변경하는 데 암묵적으로 동조했을 가능성도 있다. 그렇다면 공모에 의한 항명이고 구리타 턴의 주된 책임은 연합함대 참모장에게 있다.

가정 전투와 읍참마속

제갈량이 출사표를 올리고 제1차 북벌에 나섰던 228년 봄 가정 전투가 벌어졌다. 하지만 이 전투에서 촉나라가 패배함으로써 제1차 북벌이 실패로 끝나게 되었다. 가정 전투를 지휘한 촉군 장수는 마속이었는데 마속은 제갈량의 두터운 신임을 받고 있던 젊은 장수였다.

가정은 전략적으로 중요한 지점이었기 때문에 위나라도 명장 장합이 이끄는 대군을 보냈다. 공명은 마속을 출정시키면서 가정을 단단히 지킬 것을 주문했고 특별히 낮은 지대에 진지를 구축할 것을 주문했다. 그러나 마속은 가정에 도착한 후에 낮은 지대를 버리고 산꼭대기에 진지를 구축했다. 동행한 부장 왕평이 강력하게 항의했으나 마속은 고집을 꺾지 않았다.

가정에 도착한 장합은 예상과 달리 마속의 군대가 산꼭대기에 진지를 구축한 것을 보고 신속하게 촉군을 포위한 후 바로 물길을 끊어버렸다. 물길이 끊기자 목이 탄 촉군 병사들이 무더기로 투항했고, 이로 인해 촉군 진영이 무너져 크게 패했다.

왜 마속은 공명의 명확한 지시를 어겼을 뿐 아니라 왕평의 간언까지 물리쳤을까? 『손자병법』에서도 높은 곳이 반드시 유리한 것은 아니라고 설명하고 있는데 마속의 병법 지식이 얕아서였을까? 젊고 패기 있고 제갈량의 신임까지 받고 있던 마속은 자신의 재주를 믿고 지리한 수비전을 치를 게 아니라 장합이 이끄는 위나라 군대를 시원하게 격파하고 공을 세우고 싶었을 것이라고 보는 것이 합리적인 추론일 것이다.

그러나 의욕이 앞서다 보니 용의주도하지 못했다. 높은 곳에 주둔하면서 물 공급이 끊기는 상황에 대비하지 못한 것이다. 이것은 지휘관의 부주의와 경솔함에서 비롯된 실책으로 입이 열 개라도 할 말이 없는 일이다. 왜 가정에 있는 성이 산꼭대기가 아닌 계곡에 지어져 있는지 한 번이라도 의문을 품고 주변에 답을 구했더라면 절대로 저지르지 않았을 실책을 마속은 범하고 만 것이다.

부장 왕평은 마속이 자신의 간언을 받아들이지 않자 1000명의 군사와 함께 낮은 곳에 독자적으로 진지를 구축했는데 이는 무너져내리는 촉군 병사들을 많이 거두어 후퇴할 수 있는 기반이 되었다. 공명은 요충지인 가정이 무너지자 전군에 후퇴명령을 내리고 촉나라로 돌아왔다. 마속을 단죄하지 않으면 군령의 위엄이 서지 않았기 때문에 눈물을 머금고 아끼던 마속의 목을 베었다. 이것이 유명한 읍참마속泣斬馬謖의 고

사이다.

공명으로부터 그토록 총애와 신임을 받던 마속이 공명의 지시를 어긴 것은 지나친 신임이 의사소통에 오히려 장애로 작용했기 때문이 아닐까? 공명은 마속의 재주를 믿고 신임한 나머지 왜 가정에서 수비에 치중해야 하는지, 왜 높은 곳이 아닌 낮은 곳에 진지를 구축해야 하는지 마속에게 상세히 설명하는 과정을 생략했던 것이 아닐까? 마속의 입장에서는 승상이 자신을 총애하니 현지 상황을 고려해 작전계획을 바꾸더라도 승리를 거두기만 하면 지시 불이행을 문제 삼지 않을 것이라고 편하게 생각했던 것이 아닐까?

관행이나 상식과 거리가 있는 지시를 내릴 때에는 상대방이 납득했는지 확인을 해야 한다. 신임하는 부하일수록 더 확실하게 확인해야 한다. 결국 소통이 부족했기 때문에 제갈량과 마속 같은 시대를 대표하는 천재 전술가들이 일을 그르치는 비극이 빚어졌던 것이다.

탄금대 전투와 상하 간의 의사소통

1592년 6월 조선군 기병부대는 한반도에 상륙한 일본군을 맞아 충주 탄금대에서 격전을 치렀다. 하지만 이 전투에서 조선군 기병부대는 일본군 조총부대의 연속사격으로 형성된 화망을 뚫지 못하고 크게 패했다. 많은 사람들은 조선군 지휘관인 신립 장군이 높은 곳인 새재에서 싸웠더라면 이겼을 텐데 평야지대에서 싸웠기 때문에 패배한 것이라고 여기면서 신립 장군의 판단 착오를 비난한다.

그러나 조선군은 기병 중에서도 말을 타고 활을 쏘는 궁기병이 주축이어서 산 속에서는 실력을 발휘할 수 없었다. 게다가 일본군이 새재로만 진격해 오는 게 아니라 죽령과 추풍령까지 세 갈래로 진격해 오고 있었기 때문에 새재에서 방어하다 보면 죽령과 추풍령을 돌파한 일본군에게 완전히 포위될 수 있는 위험이 존재했다.

병법에서도 높은 곳이 반드시 생지는 아니라고 말한다. 앞서 살펴보았듯이 가정 전투에서는 높은 곳에 진을 친 촉군이 참패했다. 손자는 지형의 전략적 중요성을 설명했지만 완전한 승리를 위해서는 적과 나의 상태, 천시天時를 명확히 알아야 한다고 설명했다. 즉, 지형이 모든 것을 결정하지는 않는 것이다.

상주에서 패배하고 도주한 이일이 보고한 일본군의 병력(약 5만 명)에 비해 조선군의 병력(약 1만 명)이 너무 적어 불리하다고 판단한 신립 장군은 조정에 후퇴할 것을 건의했다. 하지만 답을 받지 못하자 신립 장군은 달천평야에서 궁기병의 편전으로 승부수를 띄우겠다고 결심했다. 편전은 100m 거리에서 갑옷을 뚫을 만큼 강력한 화살이어서 조총과 유효사거리가 비슷했다. 또 조총을 장전하는 데 시간이 걸리는 점을 감안하면 한번 해볼 만한 싸움이라고 생각했다.

그러나 일본군은 1575년 6월에 벌어진 나가시노 전투 이래 연속사격술을 개발하여 운용하고 있었다. 즉, 조총수를 3개의 열로 세운 뒤 제1열이 쏘고 나면 제2열이 쏘고 다음에 제3열이 쏘고 다시 제1열이 쏘는 방식인데, 사격에 공백이 없어 기병대의 돌격을 저지하는 데 매우 효과적이었다. 나가시노 전투에서 다케다 가문이 자랑하는 기병부대가 오다 가문의 조총부대에 완전하게 패했는데, 이 전투는 전국시대의 패권이 오다 가문으로 기우는 결정적인 계기가 되었다.

신립 장군이 이끄는 조선 기병대도 일본군의 조총 연속사격으로 빗발치는 탄환에 맞아 심대한 타격을 받고 무너졌다. 신립 장군이 전투 장소를 올바르게 선택했는데도 광범위하게 비난을 받는 이유는 단순히 전투에서 패배했기 때문은 아닌 것 같아 보인다. 아마도 신립 장군이 부하 장병들에게 왜 새재를 버리고 달천평야에서 싸워야 하는지 납득시키려는 노력을 충분히 하지 않았기 때문인 것으로 추측된다.

천신만고 끝에 살아남은 장병들은 새재에서 싸우지 않아 졌다고 신립을 비난했을 가능성이 크다. 신립 장군이 왜 달천

평야에서 싸워야 하는지 부하 장병들이 납득할 수 있게 설명했더라면 살아남은 장병들이 신립 장군을 비난하지 않았을 것이고, 전투 과정에서도 부하들이 보다 확신을 갖고 분전하지 않았을까 생각해 본다.

탄금대 전투와 신립 장군의 전술은 보다 객관적인 관점에서 분석되고 재평가되어야 한다. 현대 군사학은 전술 의사결정에서 METT-TC를 고려해야 한다. METT-TC란 Mission(주어진 임무), Enemy(적의 규모, 전투력 등), Troop available(아군의 규모, 전투력 등), Terrain(지형과 기후), Time available(주어진 시간), Civil consideration(민간에게 미치는 피해 등)을 뜻한다.

현대 군사학에서 지형은 여러 가지 고려 요소 중 하나에 불과하다. 신립 장군이 꿈에 나타난 처녀의 조언을 듣고 탄금대에서 싸우다가 패배했다는 설화 같지 않은 설화가 단막극 형식으로 방송되는 현실에도 제동을 가해야 한다. 이것은 나라를 위해 싸우다가 목숨을 바친 신립 장군과 선열들을 모욕하는 것이나 마찬가지이기 때문이다.

실패에 대비하는 조심성은 필수 덕목이다

계획을 실천하는 과정에서 실패할 가능성은 항상 존재한다. 통제 불가능한 변수가 많기 때문이다. 통제 불가능한 변수는 그 움직임을 합리적으로 예측해야 하는데 그게 그렇게 쉬운 일이 아니다. 그렇기 때문에 항상 조심성 있게 일을 처리하고 주변을 잘 살펴야 한다.

예를 들어 퇴직금을 운용할 경우 공격적인 투자를 선택할 수도 있고 위험이 제로인 안전자산을 선택할 수도 있다. 공격적인 투자를 선택하더라도 퇴직금의 100%를 주식과 같은 위험자산에 투자하는 대신 국채와 같은 안전자산을 50 대 50으로 섞는다면 주식가격 폭락으로 인한 실패를 어느 정도 중화해 노후생활이 파탄에 이르는 것을 방지할 수 있다. 성공만 생각한다면 주식에 과감히 투자하여 퇴직금을 크게 불릴 수도 있겠지만, 퇴직금 전부를 주식, 그것도 불안정한 국가의 주식에 투자했다가 주식가격 폭락과 환율 하락이 겹치면 퇴직금을 거의 다 날릴 것이고 은퇴 후에 생활고에 시달릴 것이다. 낙관적인 사고를 하는 것은 중요한 덕목이지만 위험을 인식하고 관리하는 지혜도 함께 발휘해야 한다.

미국 해병 제1사단장 올리버 스미스Oliver Smith 장군은 1950년 겨울 함경도 산악지대의 강추위에 시달리고 중공군에 겹겹이 포위된 절망적인 상황에서 사단의 후퇴행렬을 공격하는 중공군을 격파하며 장진호에서 흥남까지 사단병력을 질서 있게 철수시켰다. 당시 스미스 장군은 "후퇴라니, 천만에! 우리는 다른 방향으로 진격하는 것이다Retreat, Hell! We're just attacking in another direction"라는 명언을 남겼다.

스미스 소장은 사단 자체의 정보를 분석하여 "극동사령부가 상황을 오판하고 있다. 중공군은 이미 한반도에 깊숙이 침투해 있다"라고 판단했고, 명령에 따라 북진하면서도 후퇴할 것에 미리 대비했다. 이 과정에서 스미스 장군은 사단이 내륙 깊숙이 전진했다가 후퇴할 경우 도로가 좁고 도로의 상태가 좋지 않아 신속하게 후퇴하기 어렵고 퇴로가 막힐 가능성이 크다는 사실에 주목했다.

중공군의 개입과 맥아더 장군의 오판

1950년 10월 초순, 중화인민공화국 총리 저우언라이는 인천상륙작전에 성공하여 서울을 탈환하고 북한군을 밀어붙이고 있던 미군에 "미군이 38도선 이북으로 진격할 경우 중공은 한국전에 개입할 것"이라고 공개 경고했다. 맥아더 장군의 정보참모 찰스 윌로비Charles Willoughby 소장은 저우언라이 총리의 경고성 발언이 외교적 헛소리에 불과하다며 무시했다.

한국전쟁이 제3차 세계대전으로 비화할 가능성을 경계하던 트루먼 대통령은 10월 중순에 맥아더 장군을 태평양의 웨이크섬으로 불렀다. 트루먼 대통령은 맥아더 장군에게 소련군이나 중공군이 개입할 가능성에 관해 물어봤는데 맥아더 장군은 그럴 가능성이 없다고 자신 있게 보고했다.

그러나 마오쩌둥 주석은 낙동강 전선이 교착상태였던 7월 말에 이미 대군을 압록강변에 대기시킨 후 전쟁의 흐름을 예의주시하며 개입 시기를 저울질하고 있었다. 국군이 38선 이북으로 진격하기 시작하자 중공군은 바로 국경을 넘어 한반도 북부로 진격했는데 미군 극동사령부만 이 사실을 까맣게 모르고 있었다.

대통령에게 호언장담하자마자 상황이 반대로 흘러가자 당황한 극동사령부와 맥아더 장군은 쉬쉬하며 몰래 상황을 수습하려 했다. 극동사령부의 정보참모부는 10월 하순 평안도에서 포로로 잡힌 중공군을 도쿄까지 데려와 심문하는 과정에서 "이미 수십 개 사단이 국경을 넘어 한반도로 들어와 있다"라는 진술을 확보하고서도 이를 무시했다. 오히려 북한지역에 진출한 미군에 북쪽으로 진격하라는 명령을 내릴 정도였으니 극동사령부의 정보참모부는 없느니만 못한 조직이었다.

북한 진격을 명령한 것은 이왕 이렇게 된 이상 한 번 확인해 보자는 뜻이었거나, 트루먼 대통령을 만나서 보고하자마자 정반대 상황이 벌어져 체면이 구겨지게 생겼으니 시간을 끈 것이었거나, 중공군 병력 규모가 작다고 판단했거나, 세 가지 이유 중 하나 때문일 것이다. 어느 경우이든 의문의 여지없는 정보 실패이고 0점을 주어야 한다. 당연히 중공군의 개입 가능성에 대비하여 한중 국경에 대한 정찰활동을 철저히 했어야 한다.

동부전선의 미국 육군 제10군단장은 맥아더 장군의 측근인 에드워드 앨먼드Edward Almond 소장이었다. 제10군단은 극동사령부의 직할부대로서 제8군과 따로 운영되고 있었다. 이것 또한 정치성향이 강한 맥아더 장군의 독특한 면인데, 당연히 제8군 사령관의 통제를 받아야 할 제10군단을 맥아더 장군 본인이 직접 통제한다는 것은 전장 지휘의 주도권을 현지 지휘관이 아닌 자신이 갖겠다는 것이어서 결코 정상적인 구도가 아니었다.

10월 하순에 이미 장진호 근방에도 중공군이 출몰해 한국군과 교전을 벌였으며 중공군이 포로로 잡히기도 했다. 이런 상황에서 제10군단장 앨먼드 소장은 극동사령부 정보참모부의 안이한 판단 또는 의도적으로 왜곡한 판단을 근거로 소속 부대인 해병 제1사단과 육군 제7사단에 계속 북진할 것을 독려했다.

해병 제1사단장 스미스 소장

"최악의 사태에 대비하라"를 좌우명으로 삼았던 스미스 소장은 거칠고 용감한 해병 이미지와는 거리가 있는 냉정하고 침착한 지휘관으로, 해병대 내에서 '교수Professor'라는 별명을 갖고 있었다. 상륙전 이론과 실무의 권위자여서 인천 상륙을 위한 작전계획을 직접 입안했고 상륙 병력인 해병 제1사단을 이끌고 인천에 상륙했다.

과달카날 전투, 펠렐리우 전투 등에 참전하여 실전 경험이 충분했던 스미스 사단장은 장진호에 출몰한 중공군이 무엇을 의미하는지 잘 알고 있었다. 그는 최악의 사태, 즉 중공군의 대병력이 장진호 주변에 이미 도착해 얕게 산개해 있는 미군을 완전 포위하고 섬멸할 준비를 끝낸 사태에 직면할 수도 있다고 판단했다. 그야말로 중공군이 놓은 덫에 미군이 스스로 걸어 들어가는 모양새가 현실화되는 국면일 수 있다고 우려했던 것이다. 실제로 쑹스룬이 지휘하는 중공군 제9병단 12만 병력이 장진호 주변에서 포위망을 구축해 놓고 기다리고 있는 상황이었다.

앨먼드 군단장은 스미스 소장보다 나이가 한 살밖에 많지 않고 계급도 같은 소장인데도 스미스에게 "이봐, 젊은이Young man", "얘야Son"라면서 막 대하고 거드름을 피웠다. 스미스 소장은 이런 앨먼드 군단장에게 전혀 신뢰감을 느낄 수 없었다. 스미스 소장은 해병 제1사단이 독자적으로 생존할 방안을 강구해야 한다고 생각했다. 스미스 소장은 미국 해병대 사령관에게 비공식 전문을 보내 '밖에 알려진 것과는 달리 장진호 주변의 상황이 매우 어려워서 진격하기 곤란한' 사정을 알렸다.

이 사실이 맥아더 장군의 귀에 들어가 스미스 소장은 지휘권이 박탈될 위기에 처하기도 했지만 스미스 소장은 잘 무마하고 사단 지휘권을 유지함으로써 사단을 전멸의 위기에서 구해냈다. 당시 맥아더 장군이 기자회견에서 추수감사절까지 전쟁을 끝내겠다고 했다가 말을 바꿔서 크리스마스까지 전쟁을 끝내겠다고 호언장담하자 스미스 소장은 코웃음을 쳤다고 전해진다.

스미스 소장은 하루에 1.5km씩 느리게 전진했다. 북진을 독려하는 앨먼드 군단장 입장에서 보면 명령 불복종에 가까웠다. 하지만 스미스 소장으로서는 후퇴하는 상황에 몰릴 것이 명약관화한 상태에서 북쪽으로 전진할수록 살아 돌아올 확률이 더 낮아지는 현실을 무시할 수 없었다.

스미스 소장의 조치

스미스 소장은 느리게 진격하는 한편 후퇴에 대비해 필요한 조치를 취했다. 우선 도로 사정이 열악한 곳은 공병대를 투입해 도로 폭을 넓히고 다리가 허술한 곳은 가급적 튼튼한 다리를 새로 건설했다. 이는 차량을 이용해 신속히 탈출하기 위해서이기도 했고 탱크를 앞세워 돌파구를 열기 위해서이기도 했다.

스미스 소장은 앨먼드 소장을 설득하여 해병대가 넓게 산개한 채로 진격하지 않고 종대를 형성해서 진격하도록 허락을 받아냈다. 넓게 산개해서 진격하다 보면 험한 지형 때문에 부대 간에 연락을 취하기도 어려워서 작은 부대 단위로 고립되어 포위 섬멸될 위험이 컸다. 전투력을 집중하여 효과적인 작전을 펴기 위해서도 종대로 진격하는 것이 유리했다. 게다가 종대로 전진하면 후퇴 시 그대로 뒤로 돌아 나오면 되기 때문에 종대는 후퇴하기에도 상대적으로 쉬운 대형이었다.

스미스 소장은 긴박한 상황에서도 야간에 불을 켜놓는 위험을 감수하면서 철야작업을 해서 비행장을 건설했다. 중공군은 낮에는 미군 전폭기의 공격이 두려워 숨어 있다가 주로 밤에 공격했기 때문에 밤에 불을 켜놓고 작업하는 것은 지극히 위험했다. 하지만 스미스 소장은 임시 활주로가 반드시 필요하다고 판단했다. 물자와 병력을 원활하게 보급하는 동시에 후퇴할 때 병력을 실어 나를 수도 있기 때문이었다. 실제로 임시 활주로는 약 4000명의 부상자를 실어 나르는 실적을 올려 후퇴할 때 부상병을 운반하는 부담을 크게 줄였다. 이로써 행군속도를 높일 수 있었고 부상자를 빨리 치료해 많은 생명을 구했다.

한편 스미스 소장은 사탕의 보급을 크게 늘려줄 것을 상부에 요청했다. 후퇴하는 와중에 식사를 제대로 할 수 없는 긴박한 상황에 대비하고 추위를 이겨내기 위한 에너지 공급원으로 휴대하기 쉽고 먹기도 편한 사탕이 많이 필요하다고 판단했던 것이다. 스미스의 판단대로 사탕은 장병들의 체력을 보충하고 체온을 유지하는 데 큰 도움이 되었다. 또한 스미스 소장은 진격하면서 보급물자를 군데군데 쌓아놓았다. 후퇴할 때 물자 부족으로 어려움을 겪지 않고 보급물자를 운반하는 부담을 줄여 차량에 보다 많은 인원을 태울 수 있도록 미리 고려했던 것이다.

이처럼 스미스 소장은 한 명이라도 더 살려서 돌아오기 위해 최선을 다했다. 사탕까지 챙긴 것을 보면 냉정한 전략가의 면모와 함께 따뜻하고 인자한 아버지의 마음으로 부하 장병들을 챙겼음을 알 수 있다.

스미스 소장의 철수작전이 성공한 이유

철수작전이 성공할 수 있었던 근본요인은 스미스 사단장이 철수가 불가피할 것이라는 선견지명으로 치밀한 철수계획을 미리 세웠기 때문이다. 그리고 장교와 하사관 중에는 제2차 세계대전 기간 중 실전 경험을 쌓은 인원이 많았다. 이들은 극한의 상황에서도 동요하지 않고 솔선수범하며 병사들을 잘 이끌었다.

덕동고개를 사수해 철수행렬을 보호하는 데 결정적인 역할을 한 제7연대 F중대장 윌리엄 바버 대위는 태평양 전쟁에 참전했고 생지옥이었던 이오지마 전투를 겪었다. 바버 대위는 덕동고개에 부임하자마자 장병들에게 참호를 파라고 지시했다. 장병들은 꽁꽁 언 땅을 파며 불만을 털어놓았다. 내일이면 철수할지도 모르는데 진지를 구축하라니 심한 것 아니냐는 불평을 해댔지만 살벌한 전장에서 살아남은 바버 대위의 예감이 적중했다. 바로 그날 밤에 중공군이 파도처럼 밀려왔고 진지 구축을 하지 않았다면 곧바로 휩쓸려 나가서 전멸 당했을 것이었다.

바버 대위는 총상으로 골반이 부러지는 중상을 입고도 후송을 거부하고 중대원들 곁에 남아 전투 의지를 북돋웠다. F중대 220명의 장병은 2개 연대가 동원된 중공군의 야간 파상 공격을 4차례나 막아냈고, 진지 앞에 버려진 중공군 시체가 1000구가 넘었다. 덕동고개 사수는 바버 대위의 실전 경험이 없었다면 불가능한 일이었을 것이다.

중공군의 화력이 빈곤했고 미군이 제공권을 장악했던 것도 불행 중 다행스러운 일이었다. 중공군은 산악지역을 행군해 왔기 때문에 야포와 같은 중화기가 부족해서 화력의 강도에서 해병 제1사단의 상대가 되지 못했다. 중공군은 낮에 공격할 경우 미군 전폭기에서 쏟아내는 네이팜탄의 불벼락에 숯덩이가 되었다. 그렇기 때문에 철저하게 야간에만 기동하고 공격을 가했다.

마오쩌둥 주석의 아들 마오안잉은 한국전에 참전하여 펑더화이 조선 원정군 사령부의 러시아어 통역장교로 복무했는데, 마오안잉도 방공호를 나와 사령부 건물에 들어갔다가 네

이팜탄 공격을 받고 전사한 것으로 일반적으로 알려져 있다.

마오안잉이 사령부 건물로 간 경위에 대해서는 북한군 고위간부가 보낸 달걀로 볶음밥을 해먹기 위해서였다는 설도 있고, 기밀서류를 깜빡 잊고 왔다가 다시 가서 가져오려고 했다는 설도 있는데 진위를 확인하기는 어렵다.

마오안잉은 제2차 세계대전 기간 중에 소련군 중위로 참전했으며 한국전에도 자원해서 참전했다. 마오안잉은 중국과 소련 군사고문단이 원활하게 의사소통하는 데 기여한 것으로 평가받고 있다.

대규모의 중공군에 완전히 포위된 상황에서 탈출하는 미국 해병 제1사단에 대한 항공지원은 최우선 순위로 강력하고 신속하게 제공되었다. 해병 제1사단은 야간에는 원형 방어진지를 구축하고 포병의 지원을 받아 중공군의 파상공격을 막아냈고 낮에는 전폭기 편대의 호위를 받으며 행군했다.

우리는 자랑스럽게 해병대에 복무한다
많은 전투에서 목숨을 걸고 싸웠지만
정신 줄을 놓지 않았다
육군과 해군이 천국에 가면
천국의 도로를 해병대가 지킨다는 사실을 알게 될 것이다 미국 해병대의 군가 가사에서 알 수 있듯 미국 해병은 해병대원이라는 긍지가 매우 컸다. 이런 자부심과 전통으로 인해 어려움 속에서도 서로 의지하고 격려하며 용기를 잃지 않고 고난을 극복할 수 있었다.

제2부

승패를 가르는 결정적 한 수

전술적 지혜와 실행

준비보다는 타이밍이 중요하다

신제품을 출시하려는데 경쟁사도 동일한 신제품을 출시하려고 준비하고 있다면 언제 홍보하는 것이 기선을 제압하는데 가장 좋을까? 너무 일찍 홍보를 하면 신제품의 실제 출시가 많이 늦어질 경우 신뢰의 문제가 생긴다. 게다가 경쟁사의 신제품이 먼저 시장에 나오면 완전히 스타일을 구기게 된다. 반면 너무 신중하게 접근해 신제품이 완성 단계에 이르렀을 때 홍보를 하면 경쟁사에 선수를 뺏길 가능성이 높아진다.

신제품을 생산하는 시점과 신제품에 대한 메시지를 시장에 보내는 시점을 어떻게 조화시킬 것인가? 쉽지 않은 문제이다. 이런 상황에 대비하여 어떤 행동규칙을 마련해야 할까? 최선의 전략은 경쟁사보다 먼저 홍보하고 시장 출시도 먼저 하는 것이다. 그러나 경쟁사보다 먼저 홍보하고 경쟁사보다 많이 늦지 않은 시점에 시장에 출시한다면 최선은 아니지만 시장의 주도권을 여전히 확보할 수 있지 않을까? 충분한 준비가 반드시 정답이 아닐 수도 있다. 준비가 부족하더라도 일단 치고 나가는 게 정답인 경우가 있는 것이다.

역사상 타이밍을 놓쳐 실패한 전투와 타이밍을 잘 맞추어 성공한 전투의 사례는 셀 수 없을 만큼 많다. 여기서는 전쟁의 흐름을 바꾼 결정적인 전투 중에서 타이밍을 잘 맞추어 성공한 사례와 타이밍을 놓쳐 실패한 사례를 하나씩 소개하고자 한다.

1863년 여름에 미국의 북군 기병사단은 게티즈버그 일대를 정찰하고 있었다. 그러던 중 게티즈버그로 집결하는 남군의 선봉 보병사단과 마주쳤다. 남북전쟁의 향방을 결정한 게티즈버그 전투가 시작되었던 것이다. 북군 기병사단의 사령관은 기병들을 말에서 내리게 했다. 북군 보병사단이 도착하기를 기다리지 않고 기병대 병력만으로 방어전을 전개하고자 했던 것이다.

한편 제2차 세계대전 기간 중 벌어진 쿠르스크 전투는 유럽 동부전선의 향방을 결정한 중요한 전투인데, 이 전투에서 독일군은 전투 준비에 지나치게 공을 들이다가 공격 개시 시점이 당초 계획보다 늦어졌다.

두 전투 모두 전쟁의 흐름을 바꾼 결정적인 전투이고 많은 교훈을 남겼지만 여기서는 준비와 타이밍이라는 차원에서 들여다보고자 한다.

게티즈버그의 북군 기병사단

1863년 7월 1일 정찰임무를 수행하던 북군 포토맥군의 제1기병사단 사단장 존 뷰퍼드 주니어John Buford Jr. 장군은 사단을 이끌고 게티즈버그에 도착했다. 뷰퍼드 장군은 주변을 정찰하다가 게티즈버그로 집결하는 남군의 북버지니아군(약 7만 5000명)의 긴 행렬을 발견했다. 뷰퍼드는 후퇴하여 북군 지휘부에 정찰내용을 보고하는 통상의 접근방식을 따르지 않고 부하 기병들을 말에서 내리게 한 뒤 방어선을 서둘러 구축했다. 기병들에게 보병 역할을 하도록 요구한 것이다.

뷰퍼드 기병사단에는 3000명의 기병과 6문의 대포밖에 없었고 진지를 구축할 시간도 부족했기 때문에 남군 보병사단을 상대하는 것은 무모해 보였다. 하지만 뷰퍼드는 나름 계산이 있었다. 남군 보병사단이 계속 진격해서 주변 고지를 점령하면 뒤따라오는 북군이 고지를 올려다보면서 어려운 싸움을 해야 할 것이라고 판단했다. 남군이 고지를 점령한 상황에서 워싱턴 지휘부의 공격명령이 떨어지면 북군 지휘관들은 사상자가 많이 발생할 줄 알면서도 무조건 공격을 해야 하기 때문이다.

뷰퍼드는 중과부적이지만 '남군의 진격을 저지함으로써 북군 부대가 고지를 선점할 시간을 벌어준다'는 목표를 세우고 전투에 임했다. 물론 뷰퍼드가 버티고 있는 동안 북군 부대가 게티즈버그에 진출해야 유효한 작전이고, 적시에 진출하지 못하면 기병사단이 의미 없는 희생을 감수해야 했지만 뷰퍼드는 승부수를 던졌다.

뷰퍼드는 게티즈버그에서 가장 가까운 곳에 진출한 북군 제1군단 존 레이놀즈John Raynolds 장군에게 최대한 빨리 진격해 줄 것을 요청하고 남군과 맞서서 싸웠다. 남군의 숫자가 워낙 많아서 북군 기병사단의 방어선이 붕괴되는 것은 시간문제였다. 다행스럽게도 레이놀즈 장군이 직접 이끌고 온 선발대가 시간에 맞춰 나타났다. 기병사단이 시간을 끌어준 덕분에 북군 보병사단이 고지를 선점했고 이에 따라 남군은 불리한 조건에서 전투를 치르게 되었다.

기병사단장 뷰퍼드의 탁월한 판단과 분전은 조지 미드가 지휘하는 북군 포토맥군(8만 3000명)과 로버트 리가 이끄는 남군 북버지니아군(7만 5000명) 사이에 벌어진 게티즈버그 전투가 북군의 승리로 끝나는 데 결정적으로 기여했다.

남북전쟁 당시 기병대의 주된 임무는 기동력을 바탕으로

적의 병력 배치와 이동 상황을 파악하고 보병부대의 측면을 엄호하는 것이었다. 정석대로라면 뷰퍼드는 남군의 진격 상황을 보고하는 것으로 정찰임무가 완수되는 것이었다. 따라서 기병사단을 철수시키고 후속하는 보병사단들이 전투에 임하도록 하면 되었다.

그러나 뷰퍼드는 고지의 전술적 중요성을 이해하고 있었다. 그렇기에 준비가 안 된 상태이지만 위험을 감수하고 보병 역할을 자원했다. '충분한 준비보다는 일단 치고 나가는 타이밍이 더 중요하다'는 뷰퍼드의 판단은 옳았다.

이에 반해 남군 기병부대는 게티즈버그 전투가 개시되고 이틀이 지나서야 게티즈버그에 도착하는 실책을 범했다. 기병대가 늦게 도착하는 바람에 남군은 북군의 병력 배치, 이동 상황, 게티즈버그 주변의 지형을 파악하지 못한 상태에서 전투에 돌입했고, 결국 고전을 면치 못하고 패배했다.

게티즈버그에서 교전이 발생하자 남군 사령관 리 장군도 고지의 전술적 중요성을 알아채고 제2군단장 유얼에게 고지 점령을 지시했다. 하지만 유얼은 명령을 이행하지 않았다. 유얼은 이미 북군이 고지에 진출했다고 판단하고 고지를 점령하기 어렵다는 결론을 내버렸던 것이다. 하지만 사실은 일부 고지가 비어 있었다. 만약 남군이 고지를 점령해서 북군 진지에 포격을 가했다면, 그리고 공격해 오는 북군을 내려다보면서 전투하는 유리한 입장에 섰었다면 게티즈버그 전투의 결과는 달라졌을지도 모른다.

남군의 제1군단장 롱스트리트 장군은 이튿날인 7월 2일 아침 남군 사령관 리에게 북군이 고지를 점령한 상태에서는 전투를 할 수 없다고 주장했다. 롱스트리트는 게티즈버그에서 다른 곳으로 이동하여 유리한 지형을 선점한 다음 추격해 온 북군을 상대로 다시 전투를 하자고 건의했지만 받아들여지지 않았다.

롱스트리트의 주장은 뻔히 예상되는 패배는 일단 회피한다는 측면에서 볼 때 합리적이었다. 그러나 적진 깊숙이 펜실베이니아까지 진출한 남군은 식량과 탄약 보급에 필요한 병참선을 확보하지 못해 오래 버티기 어렵다는 약점을 안고 있었다. 다시 말해 빨리 승부를 내야 했다. 게다가 총사령관 로버트 리는 남군이 승리할 수 있다는 확신에 차 있었다.

쿠르스크 전투의 독일 기갑부대

1942년 발발한 스탈린그라드 전투는 건물에서 건물로 이어지는 시가전 혈투가 6개월 가까이 지속되어 역사상 인명 손실이 가장 컸던 전투 중 하나로 기록되어 있다. 인류 역사상 가장 참혹한 전투 중 하나인 스탈린그라드 전투는 1943년 2월 2일 끝이 났다. 소련군에 완전히 포위된 상태에서 간헐적인 항공 보급에 의존하며 버티던 독일 제6군이 스탈린그라드 전투에서 항복함으로써 동부전선의 주도권이 소련군에 기울기 시작했다.

독일군은 스탈린그라드 전투 이후 소련군의 공세에 밀려 후퇴를 거듭하다가 반격에 성공하여 우크라이나 중심도시 하르코프를 탈환했는데, 이로써 전선이 일시적인 소강상태에 들어갔다. 이후 치러진 쿠르스크 전투는 기울고 있는 전세를 뒤집고 독일군이 주도권을 되찾기 위해 기획되었다.

쿠르스크 전투는 역사상 최대 규모의 전투역량이 투입된 전투로, 1943년 7월 5일부터 8월 23일까지 진행되었다. 양군 합해서 200만 명의 병력, 6000대의 전차, 4500대의 항공기가 뒤얽혀서 싸운 쿠르스크 전투는 독일군이 조직력을 발휘해 많은 전술적 성공을 거두었지만 병력과 물자가 월등하게 풍부한 소련군의 승리로 결론이 났다. 쿠르스크 전투 이후 독일군은 동부전선에서 주도권을 완전히 상실하고 소련군의 공세에 밀려 후퇴를 거듭했다.

독일군이 쿠르스크 공세작전을 기획하게 된 계기는 쿠르스크 지역이 전선에서 ㄷ자 모양(남북으로 250km, 동서로 160km)으로 크게 돌출되어 있어 '남쪽과 북쪽에서 포위해 섬멸한다'

는 작전목표를 비교적 쉽게 달성할 수 있었기 때문이다. 그렇지만 이런 지형적 특성이 소련군 지휘부의 관심을 끌기는 마찬가지여서 소련군 지휘부도 쿠르스크 돌출부에 주목하고 독일군의 공세를 예상하고 있었다.

독일군을 이끄는 만슈타인 원수는 자타가 공인하는 독일군 최고 엘리트이자 전차부대를 활용한 기동작전 수립의 대가였다. 소련군을 이끄는 주코프 원수도 만슈타인에게 결코 뒤지지 않는 지략을 갖추고 있었다. 주코프 원수는 1938년 7월에 있었던 할힌골 전투에서 탱크와 전투기를 입체적으로 활용해 일본 관동군을 크게 한 방 먹였고, 스탈린그라드의 90%를 장악하여 승리를 눈앞에 둔 독일군을 기습적으로 포위해 완전하게 고립시키면서 일거에 전세를 뒤집기도 했다.

주코프 원수는 상대방의 힘이 빠질 때까지 기다리는 인내심이 탁월했다. 상대방의 공세를 견뎌내며 상대방이 보급 문제와 피로감 등으로 공세 종말점culmination point에 이르길 기다렸다가 대규모의 병력과 장비를 투입하여 반격을 가하는 것이 주특기였다. 주코프는 이미 모스크바 공방전과 스탈린그라드 전투에서 자신의 전투 스타일을 잘 보여준 바 있었다.

무엇보다 중요한 것은 스탈린그라드 전투에서 승리한 이후 스탈린은 작전 수립과 시행에 있어 주코프에게 자율권을 부여한 반면, 소련군에 밀리고 있던 만슈타인은 히틀러의 간섭을 받고 있었다.

만슈타인은 소련군도 쿠르스크 돌출부의 전술적 의미를 알고 있기 때문에 소련군이 방어태세를 갖추기 전에 신속하게 공격해야 한다는 입장이었다. 만슈타인은 히틀러에게 1943년 5월 상반기 이내에 쿠르스크를 공격할 것을 건의했다.

하지만 히틀러는 쿠르스크 전투가 동부전선의 주도권 향방을 결정하는 중요한 전투이므로 1개월 동안 준비를 철저히 해서 공격하라고 지시했다. 특히 히틀러는 새로 개발된 독일 신형전차 티거의 성능에 매료되어 티거전차를 충분히 생산해서 쿠르스크에 투입하는 것이 승리의 관건이라고 믿었다.

그런데 티거전차의 생산이 생각보다 충분히 이루어지지 않자 히틀러가 다시 1개월을 더 기다리라고 지시했다. 결국 독일군의 공격은 만슈타인이 생각했던 시점보다 2개월이나 지난 1943년 7월 초에 시작되었다.

그러나 공격이 연기된 2개월 동안 소련군도 가만히 앉아 구경만 하고 있지는 않았다. 주코프 원수는 민간인 여성들까지 동원해 독일군 탱크가 건널 수 없는 깊은 도랑을 팠다. 도랑과 도랑이 연결되는 지점에는 대전차지뢰를 촘촘하게 매설했다.

개전 후 독일 탱크부대는 도랑과 지뢰로 강화된 탱크 저지선에 막혀 속도가 떨어졌고 독일 탱크부대가 우왕좌왕 혼란에 빠지자 소련군은 급강하 폭격기의 공중폭격과 포병부대의 철갑탄 포격으로 강타했다.

소련군의 공중폭격과 포격으로 기갑부대가 큰 피해를 입는 바람에 독일군의 기동 포위 작전은 실패로 끝났고, 독일군의 힘이 빠지길 기다리던 주코프 원수는 예비부대를 투입하여 총공세로 전환했다. 마침 연합군이 시칠리아섬에 상륙해 이탈리아를 위협했으므로 독일군 지휘부는 이탈리아에도 추가 파병을 해야 하는 상황이었다. 결국 독일군은 쿠르스크에서 더 이상 버티기 어려워 기약 없는 퇴각의 길로 내몰렸다.

히틀러는 철저한 준비를 위해 공격 시점을 2개월 연기했지만 2개월 동안 소련군의 방어역량이 더 강화된다는 측면은 고려하지 않았다. 소련의 무기 생산 속도가 독일보다 빨랐기 때문에 시간이 지체될수록 소련군의 전투력이 상대적으로 강화되었다.

상대방이 뻔히 예상할 수 있는 공격을 2개월이나 연기하는 바람에 탱크 저지선을 구축할 시간까지 허용한 꼴이 되고 만 것이다. 만슈타인 원수의 판단대로 준비가 부족해도 가급적 빨리 5월 초에 공격을 개시했어야 했다.

쿠르스크 전투는 인명과 장비 손실 측면에서 볼 때 전술적으로는 독일군이 진 전투가 아니었다. 소련군의 인명 손실은 독일군의 5배였고, 파괴된 소련군 탱크와 격추된 소련군 항공기의 숫자가 독일군보다 훨씬 더 많았다. 독일군은 잘 싸웠지만 준비가 잘된 소련군의 인해전술과 물량공세에 밀렸다.

전술적으로는 승자도 패자도 없었지만, 쿠르스크 전투의 실질적인 패자는 아돌프 히틀러였다. 히틀러는 군사작전에 무모하게 개입하여 군사천재 만슈타인의 손발을 묶음으로써 그가 역량을 발휘하지 못하게 만들었다. '선무당이 사람 잡는다'는 말이 크게 와 닿는 역사의 한 장면이다.

정확한 정보가 결과를 바꾼다

정보의 중요성은 누구나 잘 알고 있다. 하지만 다양한 정보 중에서도 결과에 영향을 미치는 정확한 정보를 제대로 수집하는 것이 무엇보다 중요하다.

한 사례를 들어보자. 한국 정부는 미주개발은행Inter-American Development Bank: IDB에 가입한다는 방침을 1980년대 초부터 수립했지만 20년 넘게 가입하지 못하고 있었다. 그러다가 21세기 들어 보스니아-헤르체고비나가 IDB를 탈퇴하면서 내놓은 지분을 살 기회가 생겼다. 그러나 한국의 IDB 가입은 큰 벽에 부딪혀 무산될 위기에 빠졌다. 중남미의 맹주라고 할 수 있는 브라질이 명확한 이유도 없이 한국의 IDB 가입을 한사코 반대했기 때문이다.

반대하는 이유를 명확하게 아는 것이 난관을 돌파하는 핵심고리여서 이리저리 노력한 끝에 브라질이 반대하는 이유를 알게 되었다. “브라질이 아시아개발은행ADB에 가입하려고 신청했을 때 한국의 반대로 무산되었기 때문에 한국의 IDB 가입을 반대한다”는 것이었다.

이 정보를 확인하기 위해 ADB 이사회의 의사록을 조사해 보았더니 한국 이사가 “브라질 같은 비아시아권 국가가 ADB에 가입하려면 레시피언트Recipient(원조를 받는 나라)가 아니라 도너Donor(원조를 주는 나라)로만 가입 가능하다”라는 발언을 한 것이 사실이었다.

그렇지만 낙담은 금물이라고 했다. 좀 더 깊숙이 조사해 보기로 하고 ADB 규정을 들여다보니 한국 이사의 발언은 ADB의 당시 정관 규정을 그대로 상기시킨 것에 불과했다. 브라질의 가입 자체를 반대한 것이 아니라, 역외국가인 브라질은 정관 규정에 따라 도너 자격으로만 가입할 수 있음을 언급한 것이었다. 브라질 정부가 크게 오해하고 있었던 것이다. ADB 이사회 의사록과 ADB 정관 규정을 제시하면서 차분하게 설명하자 오해가 풀리면서 한국의 IDB 가입이 승인되었다. 정확한 정보가 결과를 바꾼 것이다.

일찍이 손자는 그의 병법서에서 “지피지기 백전불태”라고 했다. 적군의 의도, 병력 규모와 배치, 보급 상황 등을 알고 적절하게 대처하면 위험한 상황을 피할 수 있다는 뜻이다. 적군의 동태에 관한 정확한 정보를 수집하기 위해서는 특수요원을 적진에 잠입시켜 정보를 파악하는 방법이 가장 효과적이다. 하지만 이 방법은 실행에 옮기기가 쉽지 않으므로 적진을 정찰하고 정보를 얻는 방법이 현실적이다. 현대전에서는 정찰기와 드론을 띄우거나, 적군의 통신 내용을 감청하거나, 위성사진을 촬영하는 방법을 통해 적의 동태에 관한 정보를 입체적으로 파악하고 있다.

정보 수집의 중요성을 강조한 장군들

정보 수집 활동의 중요성을 강조한 장군 중 으뜸은 이순신 제독이다. 이순신 제독은 바다에 탐망선을 풀어 일본 해군의 동태를 감시했다. 육지에는 탐망꾼을 풀어 일본 해군 기지 내의 움직임과 주변에 포진한 일본 육군의 동향을 예의주시했다. 민간인의 제보에도 눈과 귀를 열어두어 한산도 해전 때는 인근에 사는 목동이 제보한 일본 함대의 위치와 규모에 관한 정보를 이용했다. 이 정보를 토대로 조선 전함을 일본 함대가 있는 쪽으로 보내 일본 함대를 한산도 앞바다로 유인해 냈다. 그런 다음 학익진으로 일본 함대를 에워싸고 집중포격을 가함으로써 큰 승리를 거두었다.

한국전쟁 당시 중공군의 공세를 저지하고 전쟁의 흐름을 바꿔 대한민국을 보전하는 데 큰 공을 세운 리지웨이 제8군 사령관도 정찰활동의 중요성을 강조했다. 스스로 정찰기를 타고 위험이 따르는 저고도 비행을 통해 적정을 직접 정확하게 확인하려고 애썼고, 최전선에 나타나 장병을 격려하면서 동시에 적정도 파악했다.

리지웨이 사령관은 늘 가슴에 수류탄을 달고 다녔다. 멋으로 달고 다닌다고 생각하는 사람들도 있었지만 직접 정찰하기 위해 위험한 곳에 자주 가다 보니 언제 적군의 공격을 받을지 모르기 때문에 본인을 보호하는 수단으로 수류탄을 달고 다녔던 것이다. 리지웨이 사령관은 정찰을 통해 중공군이 피로한 상태이고 보급이 부족하여 공세를 지속하기 어려운 상황이라는 정보를 스스로 획득했고, 이 정보를 토대로 공세로 전환함으로써 전쟁의 흐름을 바꿨다.

정찰활동을 강조한 또 하나의 명장은 미국 남북전쟁 시절 남군 북버지니아군의 군단장을 지낸 토머스 잭슨 장군이다. 잭슨 장군은 늘 본인 스스로 최전선에서 적정을 살폈다. 그리고 적의 움직임에 맞추어 기만 작전을 적절하게 구사하면서 승리를 만들어냈다. 잭슨 장군은 불행하게도 게티즈버그 전투 직전에 벌어진 챈슬러즈빌 전투에서 정찰활동을 마치고 돌아오다가 아군의 오인사격으로 전사했다.

잭슨 장군이 전사하고 나서 치러진 게티즈버그 전투에서 북버지니아군이 개전 이래 처음으로 대패한 것도 잭슨 장군의 빈자리가 컸음을 보여준다. 만약 잭슨 장군이 살아 있었다면 게티즈버그로 진출하는 작전계획 자체를 반대했을지 모른다. 정찰활동의 중요성을 강조하는 입장에서 보면 북군의 후방 깊숙이 진격하는 작전계획이 위험하고 무모해 보였을 것이기 때문이다.

명량 해전을 승리로 이끈 척후 보고

조선 해군이 칠천량 해전에서 크게 패하자 전사한 원균을 대신해 이순신 제독이 다시 조선 해군 총사령관에 임명되었다. 이순신 제독은 일본 해군의 다음 단계 움직임을 파악하는 것이 급선무라고 생각했다. 이순신 제독은 일본 해군의 임시 기지인 어란진으로 눈썰미 있는 군관 임준영을 탐망꾼으로 보내 일본군의 동태를 파악하도록 했다. 어란진에 병력과 물자가 많고 대형 함선이 속속 모여들고 있다는 정보 보고를 받은 이순신 제독은 이 정보가 일본군의 향후 움직임을 예상할 수 있는 결정적인 정보임을 직감했다.

그렇다면 일본 함대의 다음 항로와 목표는 무엇일지 예측해야 하는 과제가 남았는데, 예측에 필요한 정보가 탐망 보고에 모두 들어 있었다. 첫째, 대규모 병력과 물자의 집결, 둘째, 대형 함선의 집결, 이 두 가지 정보는 대규모 부대가 이동하여 장기작전을 수행할 것임을 의미하므로 상륙작전을 구상한다는 의미로 해석할 수 있었다. 그리고 대규모 상륙 병력을 실은 일본 함대의 목표는 한양 앞바다임이 분명했다. 이미 일본 육군이 북상을 개시했으므로 조선의 왕이 있는 한양을 목표로 하는 것이 군사작전의 자연스러운 흐름이기 때문이다. 그렇다면 일본 함대는 서해를 돌아서 항진할 것이므로 전라도 남쪽 끝을 돌아서 갈 것으로 예측되었다.

구체적으로 어떤 경로를 택하게 될까? 이순신 제독은 일본 함대가 지름길인 명량의 좁은 수로를 따라 서해로 항진할 것이라고 확신했다. 왜냐하면 대규모 상륙 병력이 탑승한 배가 먼 바다를 돌아 항해하는 것은 안전상 문제가 있고, 일본군 지휘부는 조선 해군은 이미 붕괴되어 조선 해군의 저항은 신경 쓰지 않아도 되니 최단 코스를 택하면 된다고 판단했을 것이기 때문이었다.

이순신 제독은 명량의 좁고 거센 물길을 활용해 적군을 격파할 전략에 몰두했다. 즉, 판옥선 13척 모두를 일렬로 세워 일자진을 구축하고 좁은 해로로 들어오는 일본 함대의 제1열에 포화를 집중해 한 열씩 한 열씩 날려버리는 한편, 사거리가 긴 신기전 불화살을 일본 함대의 후위로 퍼붓는 전술을 채택했다. 그러다가 물살이 바뀌면 역류 때문에 대형이 흐트러진 틈을 타서 일제히 돌격해 일본 함대를 포격과 충파로 격파해버릴 계획이었다.

결국 이순신 제독은 승산이 없는 1 대 N의 싸움을 N개의 1 대 1 전투로 변환하여 화력우위를 유지하는 한편, 조류의 변화를 이용해 열세를 극복하는 묘수를 씀으로써 세계 해전 역사에 길이 남을 위대한 승리를 거두었다.

소련 간첩 조르게의 대활약

독일계 러시아인(아버지는 독일인, 어머니는 러시아인) 리하르트 조르게는 제1차 세계대전 당시에는 독일군에 입대해 전쟁에 참여했으나 제2차 세계대전 중에는 소련의 스파이로서 큰 족적을 남겼다.

조르게는 독일 유력지 《프랑크푸르터 알게마이네 차이퉁》의 도쿄 특파원을 일하면서 일본 주재 독일 대사관과 일본 정부의 요직에 있는 인사 및 그들의 여비서, 부인에게 접근해 고급 군사기밀을 빼돌렸다. 이렇게 빼돌린 정보는 소련 정보국에 제공했다. 조르게가 제공한 정보는 제2차 세계대전 기간 중 소련군이 동부전선에서 독일군의 대공세를 저지하고 반격 작전을 펴는 데 큰 공을 세웠다.

우선 조르게는 일본 주재 독일 대사관의 무관으로부터 바르바로사 작전계획, 즉 독일이 독소상호불가침 조약을 파기하고 소련을 침공할 것이라는 정보는 물론, 공격 개시일인 1941년 6월 22일까지 정확하게 알아내어 소련 정보국에 제공했다. 그러나 조르게를 이중첩자라고 의심한 소련 정보국은 조르게의 정보를 신뢰하지 않았다.

하지만 소련군이 독일군에 기습을 당해 패전과 후퇴를 거듭하면서 모스크바 근방까지 물러나는 등 고전을 면치 못하자 소련군은 비로소 바르바로사 작전 개시일까지 정확하게 제보한 조르게를 신뢰하기 시작했다.

독일군은 바르바로사 작전의 최종 단계에서 모스크바를 점령하기 위해 맹공을 퍼부었는데 독일군 앞에 갑자기 30만 명의 새로운 소련군 병력과 강력한 기갑부대가 나타났다. 독일군의 공세는 꺾였고 보급 문제와 기상 악화로 인해 독일군은 후퇴할 수밖에 없었다. 독일군이 야심차게 기획한 바르바로사 작전이 모스크바 점령이라는 목표를 달성하지 못한 채 종료되자 전쟁의 주도권이 소련으로 기울기 시작했다. 조르게가 제공한 정보는 이러한 대반전을 이루어내는 과정에서 결정적인 역할을 했다.

모스크바 공방전 중에 독일군 앞에 나타난 새로운 소련군은 극동 시베리아에 주둔하고 있던 부대였다. 조르게는 일본 천황이 주재한 국가전략회의에서 독일의 요청에도 불구하고 일본군은 극동 시베리아의 소련군을 공격하지 않기로 결정한 사실을 소련군에 알렸다. 조르게는 일본이 미국의 석유 금수 조치에 대응해 남방의 자원을 획득하기 위해 남방으로 진출하기로 결정하고 1941년 10월까지 미국과의 협상에 실패하면 미국, 네덜란드, 영국을 상대로 전쟁을 개시하기로 했다는 정보도 입수하여 소련 정보국에 제시했다. 조르게의 정보에 따르면 극동 시베리아에 주둔하는 소련군을 모스크바 공방전에 투입해도 아무런 문제가 없었다. 이 정보를 근거로 소련군은 극동 시베리아에 주둔하던 보병 25개 사단과 9개 기갑여단을 대륙횡단 철도를 이용해 모스크바 전선으로 신속하게 이동시켜 전선의 주도권을 장악했던 것이다.

조르게는 첩보전 역사상 가장 큰 활약을 펼친 스파이였다. 흔히 스파이 하면 제1차 세계대전 기간 중 독일군을 위해 첩보활동을 한 여간첩 마타하리를 떠올린다. 마타하리를 다룬 영화와 뮤지컬이 다수 존재하지만 실제로 마타하리는 이렇다 할 실적을 내지 못해 독일군 내부에서는 마타하리를 '페어자거Versager'(불발탄)라고 칭했다. 마타하리는 유명한 미녀 댄서라는 점 때문에 주목을 받고 언론에 부각되었을 뿐이다.

유인 우주선을 만들어내라는 마오쩌둥

1961년 4월 소련은 인류 역사상 최초로 유인 우주선 발사에 성공하면서 우주시대를 활짝 열었다. 소련에 뒤진 미국은 큰 충격을 받았고 유인 우주선 개발을 비롯한 우주 개발 계획에서 소련을 따라잡기 위해 박차를 가했다.

당시 죽의 장막이라 불리던 중국에서도 조용하지만 격렬한 반응이 있었다. 중국 공산당 주석 마오쩌둥은 국가비상회의를 소집하여 "유인 우주선에 관해 아무런 지식도 없는 중국이 어떻게 옛 중화의 영광을 재현할 수 있겠느냐?"라고 질책하면서 반드시 중국도 유인 우주선을 만들어내야 한다고 지시했다.

이에 따라 중국 전역에서 수학과 물리학 등 과학 분야의 영재들을 모아 우주군 부대를 창설했다. 그리고 이들에게 나이와 경력에 따라 계급장을 수여하고 합숙을 시키면서 유인 우주선 개발에 몰두하도록 했다. 우주선 기술은 결국 대륙간 탄도미사일ICBM 기술과 궤를 같이하므로 우주선 개발이 없으면 '핵탄두 탑재 대륙간 탄도미사일'이라는 인류 최종병기를 보유하는 초강대국 반열에 오를 수 없다는 사실을 마오쩌둥은 꿰뚫어 보고 있었던 것이다.

우주군 부대를 창설했지만 아는 것이 없었던 중국은 대책을 마련했다. 우선 소련 유학 경험이 있는 사람들을 소련으로 보내 정보를 수집하도록 했다. 이들은 유학 시절의 교수와 동급생들을 만나 귀동냥을 한 끝에 조금씩 유용한 정보를 얻어낼 수 있었다. 또한 중국은 우수한 과학인재들을 소련의 대학으로 유학을 보내 관련 분야의 이론을 연구하도록 했다. 추측컨대 이러한 정보 수집 과정과 유학 과정에서 기술적인 난관을 극복할 수 있는 정보들을 차곡차곡 쌓으면서 유인 우주선이라는 실체에 한 발 한 발 접근했을 것이다.

일정 수준의 정보와 지식이 쌓이면 시제품을 만들어 실험하는 과정을 반복했고 실험 실패로 부대원들이 죽고 다치는 시련을 겪으면서 우주선이라는 실체를 향해 서서히 다가간 세월이 42년이었다. 그리고 2003년 10월 드디어 유인 우주선 선저우 5호를 발사하는 데 성공했다. 우주군 부대에 막내로 참여했던 소년이 42년 동안 정진한 끝에 우주군 부대의 책임자가 되어 유인 우주선 발사를 성공시킨 감동의 드라마였다. 이것은 국가와 국가 지도자가 국민을 위해 무엇을 해야 하고 어떤 자세를 가져야 하는지를 보여준 사례이자 체계적이고 끈질긴 정보 수집 활동의 중요성을 증명한 사례이다.

필자가 국제금융국의 국장으로 재직하던 2004년 봄에 한중일 3국의 국제금융국장 회의에 참석하느라 중국 고비사막의 오아시스 도시 둔황에 간 적이 있다. 마침 그때 소년 영재로 우주군 부대에 차출되었던 사람이 우주군 부대의 현직 사령관이 되어 TV방송에서 눈물을 흘리며 지난 42년을 회고하는 프로그램을 보았다. 큰 충격과 깊은 감동을 받아서 이런저런 생각에 잠을 이루지 못했고, 대한민국은 지도자부터 모두 '세계질서 속의 대한민국 위상'에 관한 고민 없이 단순하게 살고 있다는 생각을 떨칠 수 없었다. 중국은 유인 우주선 발사 성공을 계기로 미국과 자웅을 겨루는 초강대국으로 자리매김하면서 국제적 위상을 한껏 높였다.

"미국을 압도하기 전에는 고개를 들지 말라"라던 덩샤오핑의 유훈 도광양회韜光養晦는 빛을 잃고 화평굴기和平崛起를 거쳐 전랑외교戰狼外交의 시대가 열렸다. 그렇지만 미국과 중국의 우주 개발 역사에는 40년의 격차가 존재한다. 미국이 40년 전에 이미 도달한 지점에 지금 중국이 도착했다고 해서 미국을 따라잡았다고 생각하는 것은 지나친 낙관론이자 논리의 비약이다. 미국은 40년의 세월 동안 또 다시 새로운 성과를 이루어내지 않았을까? 새로운 성과가 무엇인지에 대한 정보를 수집하기는 어렵겠지만 우리가 모르는 새로운 성과가 존재한다면 긴장하는 것이 맞지 않을까?

1942년에 미군은 폭격기 조준장치를 개발해서 운용하고 있었지만 이를 비밀로 했다. 일본 본토를 폭격한 두리틀 특공작전 때에는 폭격기가 추락해 일본군 수중에 들어가면 조준장치가 노출될까 두려워서 폭격기에서 조준장치를 모두 제거한 상태로 작전에 투입하기도 했다.

미국이 비밀에 부치고 있는 새로운 성과는 분명히 있을 것이다. 하지만 미국은 새로운 성과에 대해 최대한 함구할 것이다. 입을 여는 순간 더 이상 새로운 성과가 아니며 새로운 병기도 아님을 누구보다도 잘 알고 있기 때문이다. 입을 여는 순간 상대방이 개발에 박차를 가하는 한편 관련 기술정보를 빼내기 위해 목숨을 건 치열한 첩보전에 돌입할 것이 분명하기 때문이다.

차이점을 강점으로 만들어야 한다

인생을 살다 보면 경쟁을 피하기 어렵다. 경쟁에서 탈락하지 않고 살아남으려면 자신과 경쟁 상대 사이에 존재하는 차이를 먼저 분석하고 이해해야 한다. 자신이 다른 경쟁자들과 차이 나는 점을 강점으로 만들면 경쟁에서 유리한 위치를 차지할 수 있다.

한 시대를 풍미했던 헤비급 복서 '핵주먹' 마이크 타이슨은 키가 178cm에 불과해 헤비급 선수로서는 키가 작고 리치도 짧은 편이었다. 타이슨은 가드를 높이 올리고 몸을 웅크려서 좌우로 격렬하게 움직이며 키 큰 상대방 선수의 펀치를 피하다가 기회를 포착했다. 상대방이 틈을 보이면 상대방 선수의 리치 밖에서 튀어 오르며 체중을 실어 가격하는 전법을 써서 불과 20세의 나이에 세계챔피언 자리에 올랐고 WBA, WBC,

IBF 3대 복싱기구의 통합 챔피언이 되었다.

다른 사람보다 신장이 작다는 것은 일반적으로 약점이 될 수 있지만 타이슨의 복싱 스승이자 양아버지인 커스 다마토는 훈련을 통해 타이슨의 작은 키를 오히려 강점으로 만들었다. 즉, 상대방이 공격하기 까다롭게 수비하면서 자신은 쉽게 공격하는 전법을 개발하여 제대로 실행했던 것이다. 그러나 스승이자 양아버지인 다마토가 사망하고 난 후 자만심에 빠진 타이슨은 훈련을 게을리 하고 방탕하게 생활했다. 그러자 체력이 많이 소모되는 원래의 스타일을 유지할 수 없게 되었고 리치가 긴 상대방에게 펀치를 자주 허용하면서 몰락의 길로 들어섰다.

16세기 말 조선 해군의 이순신 제독은 일본군의 침공에 대비하여 조선 해군을 정비하면서 일본군과 조선군의 차이점이 무엇인지부터 먼저 파악했다. 이순신 제독은 자신이 인식한 차이점을 분석하여 차이점을 강점으로 만드는 전술을 고안했다. 고안된 전술을 바탕으로 이순신 제독은 임진왜란 기간 중 모든 해전에서 승리하며 풍전등화의 위기에 처한 조선의 땅과 백성을 구했고 멀리는 명나라 백성들이 전란의 참화를 겪지 않도록 했다.

이순신 제독은 조선 해군의 함선과 일본 해군의 함선의 구조가 근본적으로 다르고 제작방식이 다른 점, 조선 병사의 전투력과 일본 병사의 전투력에 차이가 있는 점에 주목했다. 그리고 이 차이점을 활용해서 이길 수 있는 전술을 개발했다.

조선 전함과 일본 전함의 차이

조선 전함은 바닥이 평평했지만(평저선) 일본 전함은 바닥이 역삼각형으로 뾰족했다(첨저선). 조선이 첨저선보다 평저선을 개발한 이유는 통상무역 국가였던 고려와 달리 조선은 통치 기간 내내 해금정책을 썼기 때문이다.

조선의 국제무역은 중국의 제후국으로서 중국 일변도였고 제한적으로 일본, 오키나와와 거래했다. 그렇기 때문에 속도를 내면서 멀리 가는 데 적합한 첨저선을 굳이 개발할 필요가 없었다. 뻘이 많고 조수 간만의 차가 심한 서해안을 운항하는 데에는 상대적으로 평저선이 더 유리했다. 민간인의 국제무역을 금지했기 때문에 민간 무역상이 배를 타고 먼 바다로 나갈 일도 없었다.

조선이 버린 바다는 일본의 차지가 되었다. 일본은 임진왜란 이전과 직후에는 포르투갈 상인을 통해 유럽과 교역했다. 그러나 포르투갈이 천주교를 일본에 널리 전파하자 도쿠가와 막부에서 천주교를 탄압하면서 일본은 새로 네덜란드 상인을 통해 유럽과 교역하기 시작했다. 또한 일본은 동남아와도 무역 거래를 했고 일본 해적들은 임진왜란 이전부터 중국 해안을 노략질해 왔기 때문에 일본은 속도가 빠르고 파도에 적응하는 데 적합해 장거리 운행에 유리한 첨저선을 주로 이용했다.

하지만 첨저선은 속도가 빠른 반면 평저선보다 기동성이 부족했다. 바닥이 평평한 평저선은 제자리에서 360도 회전이 가능했지만 바닥이 뾰족한 첨저선은 제자리에서 360도 회전하는 것은 불가능했다. 이순신 제독은 이 구조적 차이점에 주목하고 맞춤 전술을 개발했다.

한편 일본 선박은 건조과정에서 못을 썼지만 조선 선박은 못을 쓰지 않았다. 또 일본 선박은 속도를 높이기 위해 상대적으로 가벼운 삼나무를 썼지만 조선 선박은 무거운 소나무로 만들었다. 이순신 제독의 날카로운 눈과 번득이는 지혜는 선박에 쓰이는 재료의 차이도 강점으로 변화시켰다.

해전에 진형 개념을 도입하다

조선 전함은 제자리에서 360도 회전이 가능했다. 따라서 함대에 소속된 전함들의 배치를 쉽게 바꿀 수 있었다. 일렬종대로 전진하다가 순식간에 일렬횡대로 바꾸어 전진할 수 있었으므로 육군이 활용하는 진형 전투 개념을 해전에 응용할 수 있는 여지가 생겼다.

이순신 제독은 이 점에 주목하고 함대 진형을 연구해 진형을 수시로 바꾸는 훈련을 실시했다. 사실 그 당시 해전은 진형 전투 개념이 없었다. 서로 근접해 포격전을 벌이고 그러다가 적 함선을 1 대 1로 맡아서 적함선에 올라 격투를 벌이는 형식으로 진행되었다. 일본 해군의 전투 개념도 크게 다르지 않았다. 그러나 이순신 제독은 해전에 진형 개념을 도입하는 전술의 일대 혁신을 이루어냈다. 이순신 제독이 천재적 전술가로서의 면모를 유감없이 발휘했던 것이다.

진형 해전 개념의 대표적인 응용 사례로는 한산도 해전의 학익진을 들 수 있다. 1592년 8월 이순신 제독이 이끄는 조선 함대는 목동 김천손이 일본 함대가 정박해 있는 곳을 알려주자 일본 함대를 섬멸하기 위해 출동했다. 일본 함대가 정박한 견내량은 좁고 긴 수로여서 대규모 해상 전투를 벌이기에 적당한 곳이 아니었다. 조선 함대는 일렬종대로 적 함대가 정박한 좁은 곳으로 들어가 적을 유인해서 한산도 앞 넓은 바다로 끌어냈다.

추격해 온 일본 함대가 함포 사정거리 안에 들어오자 일렬종대로 있던 조선 함대가 제자리 회전 능력을 활용해 순식간에 반원형 횡대 대형으로 바꿔 일본 함대를 포위했다. 일본 함대의 지휘관들은 갑자기 펼쳐진 조선 함대의 학익진을 마주하면서 지상 전투에서나 가능한 진형이 바다 위에 펼쳐지는 데 크게 놀랄 수밖에 없었다.

포위된 일본 함대는 패닉 상태에 빠져 조선 함대가 쏘는 함포에 속수무책으로 당했다. 조선 함대가 거리를 유지한 채 함포를 쏘았기 때문에 일본 함대의 주무기인 조총의 사정거리에 들지 못했고 일본 함대는 제대로 된 대응사격도 하지 못해 전멸에 가까운 피해를 입었다. 조선 함대의 전사자는 단 3명에 불과할 정도로 일방적인 승리였다. 한산도 해전에서 혼쭐이 난 일본 해군은 그 후로 조선 해군과의 전투를 기피했고 한반도 서해안으로 진출하는 것을 포기했다. 이렇게 되자 조선에 상륙한 일본 육군의 작전 반경은 보급 문제 때문에 경상남도의 해안가를 벗어나기가 어려웠다.

한산도 해전은 이듬해인 1593년 3월에 벌어진 행주산성 전투와 함께 일본군 쪽으로 기울던 전쟁의 흐름을 조선군 쪽으로 바꾸는 데 결정적으로 기여한 전투이다. 두 전투에서 조선군의 우수한 화약무기에 혼쭐이 난 일본군 지휘부는 명나라는커녕 조선군을 상대하기도 벅차다는 냉엄한 현실을 인식하고 강화협상에 나서게 되었다.

한산도 해전의 회전 기동과 학익진은 일본에서 많이 연구

되었으며, 20세기 초 러일전쟁 기간 중 일본 연합함대와 러시아 발틱 함대가 결전을 벌인 쓰시마 해전에서 일본 해군에 의해 차용되어 일본에 일방적인 승리를 안기기도 했다. 적군의 전술을 연구하고 소화해서 활용한 일본의 객관적인 탐구정신이 빛을 발한 순간이었다.

이순신의 전술 목표는 함포를 사용한 선체 파괴였다

이순신 제독은 일본 병사와 조선 병사의 차이점에 주목했다. 일본 병사들은 전국시대를 거치면서 실전 경험이 있는 경우가 많았지만 조선 병사들은 어업이나 농업에 종사하다 동원되어서 실전 경험, 특히 1 대 1로 붙어 창검을 휘두르며 싸운 경험이 없었다. 게다가 일본 병사는 조총이라는 화약무기를 개인 화기로 소유하고 있어서 병사들끼리 단병접전을 하는 것은 자살행위에 가까웠다.

그렇기 때문에 이순신 제독은 단병접전 없이 해전을 승리로 이끌기 위해서는 적 함선이 아군 함선에 접근해 월선공격을 시도하기 전에 먼 거리에서 적 함선을 부수거나 태워 침몰시킴으로써 단병접전의 가능성을 완전히 제거해야 한다고 생각했다. 그래서 강력한 함포를 장착하는 길만이 해전의 승리를 기약하는 유일한 방법이라고 믿었다. 마침 군관 중에 녹도 만호 정운이 화포를 다룬 경험이 있어서 정운의 도움을 받아 화포를 제작하고 화포 운용방법을 장병들에게 교육할 수 있었다. 조선 해군은 함선에 함포를 충분히 배치하고 사격훈련을 거듭하여 함포를 운용하는 강력한 해군으로 조련되었다.

조선 함대의 주력 함선인 판옥선은 평저선이라서 함포 발사에 의한 흔들림이 적고 4면에 모두 함포를 배치할 수 있어 일본 전함과는 비교가 되지 않을 정도로 막강한 화력으로 무장할 수 있었다. 이순신 제독이 고안한 새로운 해전 개념인 '화력을 집중해서 선체 파괴를 목표로 하는 것'이 현실화되었던 것이다. 그때까지의 해전에서 함포는 선체를 완전히 파괴하여 침몰시키는 것이 아니라 적 함선의 돛을 부러트린다든지 적 함선에 큰 구멍을 내 기동 불능으로 만들어 월선공격을 가능하게 만드는 기능을 담당했다. 이순신 제독은 함포를 운용하는 해전의 전투 개념에 일대 혁신을 이룬 것이다.

이순신 제독은 함포에 더해 로켓의 원형인 신기전을 불화살로 활용하여 멀리 있는 일본 군함에 화공을 가했다. 신기전을 이용한 화공은 특히 적 함대가 좁은 곳에 밀집대형으로 있을 때 효과가 컸는데, 1597년 10월 명량 해전 당시 좁은 수로에 밀집해 있는 일본 전함들을 상대로 활용하여 큰 효과를 보았다. 이순신 제독은 대장군전이라는 선체 파괴 무기도 사용했다. 대장군전은 금속을 입혀 굵고 무겁게 만든 긴 화살이다. 대장군전은 배를 침몰시키기 위해 고안한 무기로, 대장군전을 화포로 쏘아 올리면 이 큰 화살이 적 함선에 떨어지면서 배 바닥을 관통해 큰 구멍을 내어 배를 침몰시켰다.

충파를 보조전술로 채택하다

충파는 적함을 들이받아 부수는 전술로, 덩치가 큰 전함이 덩치가 작은 전함을 부술 때 사용하는 방법이다. 충파는 고대부터 정립되어 내려온 해전 전술이다. 1959년 개봉된 영화 〈벤허〉에 나오는 로마 해군의 전투 장면을 보면 적선이 로마 해군의 사령관이 타고 있는 기함 옆구리를 들이박아 침몰시키는데 이것이 바로 충파이다.

앞서 언급했듯이 일본의 선박 제조방식과 조선의 선박 제조방식에는 중요한 차이가 있었다. 일본에서는 못을 사용하여 선박을 고정시켰지만 조선에서는 레고처럼 못을 사용하지 않고 짜 맞추는 방식으로 선박을 고정시켰다. 조선은 집을 지을 때도 못을 사용하지 않고 짜 맞추어서 지었기 때문에 분해 후 다른 장소에서 재조립할 수 있었다. 못은 쇠로 만들기 때문에 바닷물 속에서 쉽게 부식되어 일본 선박은 외부 충격에 취약했다. 하지만 조선 선박은 나무 조각이 서로 맞물려 있어서 외부 충격을 견디는 힘이 일본 선박에 비해 월등하게 컸다. 게다가 삼나무로 만든 일본 전함에 비해 소나무로 만든 조선 전함은 더 무겁고 단단했다.

이순신 제독은 이 점에 착안하여 충파전술을 과감하게 채택하고 실행에 옮겼다. 충파전술을 좀 더 파괴력 있게 구사하기 위해서 거북선이라는 세계 최초의 철갑돌격선도 제작했다. 뱃머리에 금속을 입혀 충격력을 키운 거북선은 적의 함대 안으로 돌격하여 4면으로 함포를 발사하는 한편 적 함선을 들이받으면서 적들을 공포로 몰아넣었다. 일본 해군은 거북선을 메쿠라부네盲船라고 부르며 두려워했다. 거북선은 해전을 승리로 이끈 게임 체인저였다.

상대방 주머니의 깊이를 알아야 한다

포커게임을 해본 사람들은 대개는 포커 실력이 승부에 영향을 주지만 경우에 따라서는 돈이 많은 사람이 최종 승자가 될 수 있다는 사실을 잘 알고 있다. 주머니가 깊은 사람이 계속 판돈을 올리면서 세게 배팅하면 돈이 적은 사람은 따라가기가 힘들어 웬만한 패를 들고 있어도 중도에 포기할 수밖에 없다. 그러다 보면 돈을 딸 수 있을 때 못 따게 되어 포커 실력이 있어도 결국 돈을 잃고 만다.

경매의 경우도 마찬가지이다. 주머니가 깊은 사람을 당할 수 없다. 상업용 부동산이라면 미래의 기대수익률이 존재하므로 가격을 마구 올리기 어렵겠지만, 미술품 경매에서는 주관적인 측면이 많이 작용하기 때문에 큰손을 당할 수 없다.

항공업계에서는 중소 규모의 항공사가 신규 진입하는 것을 견제하기 위해 규모가 크고 현금흐름이 좋은 항공사가 가격정책을 활용하는 경우가 있다. 중소 규모 항공사가 신규로 진입하면 규모가 큰 항공사는 항공운임을 대폭 내리고 이 운임을 상당 기간 유지함으로써 자금 여력이 부족한 경쟁자가 견디지 못하고 손을 들게 하는 것이다.

기술경쟁에서도 상대방이 개발한 기술의 깊이를 알아야 한다. 잘 모르겠으면 개발한 기술을 시장에 차근차근 단계적으로 내놓아야 한다. 그러다가 상대방이 내 기술보다 앞선 기술을 시장에 내놓으면 그때서야 이미 개발했지만 숨겨놓고 있던 다음 단계 신기술을 시장에 출시해야 한다. 그래야 경쟁 우위를 지킬 수 있다.

전쟁을 수행하는 데 있어서도 뛰어난 전술가가 반드시 전쟁을 승리로 이끄는 것은 아니다. 전쟁은 국가가 모든 역량을 투입하여 국운을 걸고 치르는 게임이기 때문에 산업 생산능력과 병력 동원능력이 승패를 결정한다. 제1차 세계대전과 제2차 세계대전의 유럽전선에서 연합군이 승리한 근본적인 이유는 연합군의 병력 동원능력이 월등하게 앞섰기 때문이다. 태평양 전쟁과 중일전쟁에서 일본이 고전했던 이유 또한 일본의 병력 동원능력이 크게 부족했기 때문이다. 제2차 포에니 전쟁에서 뛰어난 전술가인 한니발이 끝내 로마 정복에 실패한 이유도 이와 동일하다.

전쟁에 이기려면 상대방의 전쟁 수행능력을 정확하게 평가해야 한다. 즉, 상대방 주머니의 깊이를 알아야 한다.

티자드 미션: 주머니의 엄청난 깊이

제2차 세계대전 기간 중 주축국인 독일과 일본은 상대방 주머니의 깊이를 제대로 모르는 상태에서 전쟁을 일으켰다. 그리고 전쟁에 졌다. 물론 일본의 경우 야마모토 이소로쿠 제독 같은 선각자들이 미국의 생산능력을 개괄적으로 이해하고 있어서 단기전을 통한 속전속결을 추구하기는 했지만, 독일과 일본의 지도부는 영국과 미국이 전쟁의 향방을 바꿀 엄청난 기술과 생산능력을 보유하고 있다는 사실은 몰랐다. 만약 이 같은 기술과 생산능력의 존재를 알았다면 독일과 일본은 전쟁을 일으키지 못했을 것이다.

독일이 영국 본토를 공습하면서 영국과 본격적인 전쟁에 돌입하자 영국은 미국에 비밀리에 협상단을 보냈다. 영국 산업의 생산능력만으로는 독일을 상대하기 어려웠으므로 미국의 힘을 빌리려 했던 것이다. 하지만 미국은 불간섭원칙에 따라 참전하지 않으려고 했다. 그러자 영국으로서는 다른 해결책이 필요했다.

영국은 자국의 첨단 군사기술을 미국에 제공하는 대신 미국의 생산시설을 활용하여 대량 생산된 무기를 지원받는 방안을 추진했다. 이 작업을 위한 영국 대표단을 '티자드 미션'이라고 불렀는데, 레이다기술의 혁신을 주도한 항공연구위원회 위원장 헨리 티자드Henry Tizard가 이 방안을 입안했기 때문이다.

독일 폭격기 부대의 대규모 공습으로 영국 본토 항공전이 치열하게 전개되던 1940년 9월 티자드 미션이 미국으로 파견되었다. 티자드 미션이 들고 간 서류가방에는 고성능 레이다 장치, 항공기 제트엔진 기술, 원자탄 제조기술, 로켓 제조기술, 자이로스코프 폭격 조준장치, 잠수함 추적 탐지 장치 등 전쟁의 향방을 바꿀 엄청난 군사기술 정보가 들어 있었다.

처음에 영국은 이러한 첨단기술을 토대로 미국과 공동연구 및 공동생산을 하기를 원했고 미국의 참전도 내심 기대했다. 하지만 미국 의회가 중립을 지키며 참전을 원하지 않았다. 그러자 티자드 미션은 급박한 상황을 고려해 단안을 내렸다. 모든 기술을 조건 없이 미국에 무상으로 제공하고 미국이 생산하는 신무기를 구매하기로 한 것이다.

유럽전선에서 맹위를 떨치며 제공권을 장악한 P-51 머스탱 전투기가 영미합작 신무기의 좋은 예이다. P-51 머스탱 전투기는 영국의 롤스로이스사가 설계한 고출력엔진을 이용해 미국 노스 아메리칸사가 생산한 항공기이다. 레이다만 해도 미국 해군이 미드웨이 해전에서 압승을 거두어 태평양 전쟁의 흐름을 바꾸는 데 기여했다. 또한 레이다는 영국 본토 항공전에서 영국이 승리하는 데에도 기여했다.

미국 입장에서 볼 때 히로시마와 나가사키에 떨어진 원자폭탄이 없었다면 일본 본토에서 사생결단으로 항전하는 일본 군관민 때문에 최소한 100만 명의 미군이 전투에서 손실되는 상황을 맞이했을 것이다. 티자드 미션이 미국에 제공한 기술들을 보면 독일이 영국을 공군력으로 제압하겠다고 나선 것이 얼마나 무모한 계획이었는지 알 수 있다.

영국 본토 항공전에서 독일이 자랑하는 전투기와 폭격기들이 제 역할을 하지 못하는 것은 독일군 지휘부가 전혀 예상하지 못한 상황이었다. 영국 전투기의 전투능력은 상상 이상으로 강했고, 영국은 레이다를 이용해 독일 폭격기들이 도버해협을 건너기도 전에 미리 움직임을 탐지했다. 그 결과 영국은 시설과 인명에서 독일의 예상보다 훨씬 적은 피해를 입었다. 독일이 영국 본토 항공전에서 소진한 전투력(전투기와 폭격기를 합해서 약 1900기를 잃었다)을 생각하면 영국 본토 항공전이라는 아이디어를 내고 공격계획을 입안한 괴링 원수는 해임되어야 마땅했지만 그는 살아남았다.

나치독일의 수뇌부는 영국 본토 항공전에서 실패한 직후 타깃을 소련으로 바꾸었다. 독일군은 "개전 2주일 안에 모스크바를 점령할 수 있다"라며 소련군의 역량을 근거 없이 과소평가하는 오류를 범했다. 하지만 소련의 항공기 생산능력과 탱크 생산능력은 이미 독일보다 앞서 있는 상황이었다. 당시의 소련군은 제1차 세계대전 때 타넨베르크에서 독일군에 속절없이 무너졌던 러시아제국 군대와는 차원이 다른 군대였다. 독일군은 초반에는 기갑부대가 쾌속 전진하면서 기세를 올렸지만 전열을 정비한 소련군이 대규모 반격을 가하자 기세가 꺾이면서 멸망의 길로 몰렸다.

괴링은 독소전쟁을 치르는 중에 또 한 번 중요한 실책을 범했다. 괴링은 포위되어 고립된 스탈린그라드의 독일 제6군에 항공 보급을 할 수 있다고 판단했다. 하지만 소련군이 스탈린그라드로부터 항공작전 반경 내에 있는 모든 독일군 비행장을 파괴하는 철저한 봉쇄작전을 펴는 바람에 항공 보급에 실패했다. 이 오판 때문에 독일 제6군은 후퇴할 기회를 상실하고 고전하다가 항복하고 말았다. 이로써 전체 독일군의 사기가 엄청나게 저하되었다.

도살자 그랜트 장군

미국의 남북전쟁 때 북군 총사령관을 지낸 그랜트 장군은 미국 최초의 3성 장군이다. 링컨 대통령은 그랜트 장군을 최고 사령관에 임명하면서 사관학교 선배인 소장들을 지휘하는 데 어려움이 없도록 그랜트를 소장에서 중장으로 진급시켰다.

장군이 되기까지의 과정을 살펴보면, 그랜트는 웨스트포인트를 졸업하고 보병장교로 임관했지만 아버지가 힘을 써서 안전한 보직인 병참장교로 만들었다. 그런데 병참장교가 적성에 맞지 않아 그랜트는 대위 계급에서 제대했다. 제대한 후에 이런저런 개인 사업을 하고 지내다가 남북전쟁이 일어나자 아버지의 입김으로 신병훈련소 소장이 되었다.

전황이 급하게 돌아가자 그랜트는 신병훈련소의 훈련병들을 이끌고 전투에 참가했다. 그는 연전연승하며 지휘능력을 인정받고 빠르게 진급했다. 당시 그랜트 장군은 소모전을 도입했는데, 소모전은 인적 자원과 물적 자원이 부족한 쪽이 결국 항복할 수밖에 없다는 전제하에 계속 전투를 이어가면서 상대방의 자원을 고갈시키는 전쟁 수행방식이다. 전투에 이기더라도 전사자와 부상자가 생기고 탄약과 장비의 손실이 발생하기 때문에 자원이 부족한 쪽은 전투 승패에 관계없이 자원이 고갈되는 방향으로 계속 몰리게 되는 것이다.

그랜트 장군이 공개적으로 소모전 개념을 언급한 적은 없지만 그는 북군 총사령관이 되고 나서도 꾸준히 남군을 밀어붙였다. 결정적인 전투는 회피하면서 여러 전투를 치름으로써 남군의 전투력이 고갈되도록 유도했다.

남부는 농업지역이어서 무기와 탄약을 생산하기가 쉽지 않았고 인구도 북부에 비하면 적었다. 소모전이 계속되면 남군이 더 이상 버티기 어려운 상황에 몰릴 것은 자명했다. 북군 전사자 1명과 남군 전사자 1명이 교환되는 비율이 유지된다면 남군이 패배하는 것은 시간문제였다. 그뿐만 아니라 그랜트 장군은 윌리엄 셔먼William Sherman 장군을 시켜 애틀랜타를 비롯한 남부연합의 후방을 초토화시킴으로써 보급 부족에 시달리는 남군의 보급 상황을 더욱 악화시키는 전략도 함께 구사했다.

북군 병사들은 끊임없이 전투를 벌이는 그랜트 장군을 아군의 생명을 경시하는 도살자에 비유했지만, 결국 전쟁은 북군의 승리로 마무리되었다. 남부연합의 수도 윌리엄스버그를 수비하던 리 장군이 항복을 선언할 때는 며칠째 굶은 남군 장병들을 위해 먹을 것을 먼저 달라고 요청했을 정도였다. 자원이 부족한 군대가 소모전에 휘말리면 어떤 결과가 초래되는지를 명징하게 보여준 전쟁사의 한 장면이라 할 수 있다.

그랜트 장군은 상대방의 밑천이 빤하다는 사실을 파악하고 나면 결정적인 전투는 피하면서 계속 전투를 벌임으로써 남군을 지치게 했다. 만일 결정적인 전투에서 진다면 북부가 남부보다 주머니가 깊더라도 전쟁에 질 수 있기 때문이다. 그리하여 결국 승리를 위한 가장 확실한 길인 소모전을 택했던 것이다.

이렇게 보면 북버지니아군 사령관 리 장군이 왜 "결정적인 전투에서 결정적인 승리"를 추구했는지 이해가 간다. 산업 생산능력과 병력 동원능력이 부족한 남부연합 입장에서는 북군을 결정적인 전투로 유인해 결정적인 타격을 주는 것 외에는 승리할 수 있는 방법이 없었던 것이다. 게티즈버그 전투도 이런 맥락에서 이해가 가지만, 준비가 너무 부족했고 디테일이 턱없이 모자랐다.

제1차 세계대전의 소모전 구상

제1차 세계대전은 독일군이 동서 양면의 전선을 형성하면서 동쪽에서는 러시아를, 서쪽에서는 프랑스군과 영국군을 상대로 전투를 벌이는 양상이었다. 원래 독일군의 슐리펜 계획은 양면 전선을 염두에 둔 작전개념이었다. 따라서 개전 초기에 신속히 파리를 점령하고 이후에 러시아군을 격파하려고 했다. 그러나 러시아군이 예상보다 빠르게 진격해 오자 독일군 지휘부는 파리 공격에 투입된 병력 중에서 1개 군단을 동부전선으로 차출했다. 그러나 독일 제8군은 차출된 군단이 도착하기도 전에 러시아군을 섬멸했다.

이 불필요한 1개 군단 차출이 천추의 한을 남긴 패착이 되었다. 독일군은 1개 군단이 차출되자 돌파력이 감소되어 마른 강에서 진격을 할 수 없게 되었고 파리 점령에도 실패했다. 이후 서부전선은 일진일퇴의 답답한 참호전 양상으로 전개되었고 이는 무수한 인명 손실을 초래했다.

독일군은 독일군대로, 영국과 프랑스가 주축인 연합군은 연합군대로 상대방의 병력을 소진하기 위한 아이디어에 골몰했다. 독일군은 일단 프랑스의 요충지를 점령하면 프랑스가 요충지를 탈환하기 위해 공격할 것이므로 그때 최대한의 출혈을 유도하면 병력 동원능력이 열세인 상황을 극복할 수 있다고 생각했다. 연합군은 참호전이 계속되고 병력 손실 교환 비율이 1 대 1이라는 전제가 성립하면 독일군의 병력이 먼저 고갈되어 연합군이 승리할 수 있다고 생각했다.

독일군은 베르됭 지역을 점령해서 연합군의 공격을 유도하기로 하고 1916년 2월 베르됭을 기습공격했다. 방어 준비가 부족했던 베르됭의 프랑스군은 수세에 몰렸지만 1916년 12월까지 약 10개월이나 지루한 참호전이 계속되었다. 하지만 양군의 병력 손실이 비슷해 독일의 소모전 의도는 좌절되었다.

베르됭 전투가 지루한 참호전이 된 결정적인 이유는 독일군의 전투력을 분산시키기 위해 영국군이 솜 지역에서 공세를 취했기 때문이다. 두 지역에서 동시에 전투가 진행되었기 때문에 독일군이 베르됭에서 돌파구를 만들 힘이 부족했다. 솜 전투에서는 역사상 최초의 전차인 영국제 마크-IMark-I이 실전에 배치되었다. 1916년 7월에 시작되어 11월에 종료된 솜 전투도 지루한 참호전으로 이어져 양측의 인명 손실은 비슷했다.

솜 전투와 베르됭 전투에서 양측이 비슷한 규모로 병력 손실이 발생했다는 것은 전술적 승리 여부와 관계없이 전략적인 관점에서 보면 병력이 상대적으로 부족한 독일군이 패배한 것이었다.

독일군은 병력 손실 교환비율에서 우위를 점하지 못한 채 지루한 참호전이 계속되자 독가스 같은 대량살상무기를 고안했다. 소모전의 결과가 뻔히 보이는 상황에서 전황을 타개하기 위한 독일의 몸부림이었지만 큰 효과를 보지 못했다. 인도 식민지 군대와 미군이 참전하면서 독일이 감당하기 어려운 소모전의 끝이 보였고 독일의 항복으로 전쟁이 끝났다.

소모전 형태로 치른 제1차 세계대전은 4년 4개월 동안 1000만 명의 군인이 전사한 인간 도살장 그 자체였다. 기관총이 난사되는 적의 참호를 향해 병사들이 아무런 보호 장치 없이 맨몸으로 착검 돌격했고 돌격부대에서 살아남은 일부 병사가 적군 참호로 뛰어들어 난투극을 벌이는 참극이 벌어졌던 것이다.

조국의 이름으로 이런 상황을 강요하면서 병사의 머릿수를 세고 있었던 군 고위간부들의 심리는 무엇이었을까. 혹시 체스게임을 하는 기분은 아니었을까. 영화 〈서부전선 이상 없다〉(2022)의 마지막 스토리에 그 답이 있는 것 같다.

청야작전도 소모전의 변형이다

고구려는 중국군의 침략을 받으면서 청야작전을 완벽하게 구사했다. 중국군이 식량을 현지에서 조달하지 못하도록 백성과 가축, 식량을 성채 안으로 모두 옮겼던 것이다. 고구려군은 날랜 기병대를 동원해 중국군의 보급부대를 치고 빠지는 식의 게릴라전을 통해 보급품을 탈취하거나 태워버렸다. 이 때문에 고구려 영토 안으로 들어온 중국군은 늘 굶주림에 시달렸다.

게다가 원정군은 늘 질병에 시달려 비전투 손실도 많았다. 그 시절에 비위생적인 상태에서 집단생활을 하다 보니 더러운 물이 식수로 쓰여 이질, 티푸스 같은 수인성 전염병이 창궐했다. 중국군이 기아와 질병으로 기진맥진해지면 고구려군은 대대적인 반격을 가했고 그러면 중국군은 패퇴할 수밖에 없었다. 고려군의 전술은 중국군의 병력과 보급물자가 일정 수준 아래로 감소할 때까지 기다리는 것이었으니 청야작전은 소모전의 변형된 한 형태라고 할 수 있다.

고구려는 중국의 통일왕조인 수나라와 당나라의 침공을 모두 격퇴한 동방의 강국이었지만 어이없게 무너졌다. 고구려와 남쪽으로 국경을 접하고 있었던 신라가 당나라와 연합하는 바람에 청야작전이 쓸모없어졌기 때문이다. 신라가 남쪽에서 당나라군의 보급 문제를 해결해 주었기 때문에 성 안에서 농성하던 고구려가 오히려 식량 부족에 시달리며 항복할 수밖에 없었다.

1812년 나폴레옹이 러시아를 원정하던 기간에 러시아군이 채택한 전략도 일종의 변형된 소모전이다. 러시아군은 전투를 회피하면서 계속 후퇴했는데 프랑스군은 러시아군을 추격하는 과정에서 질병, 탈영, 낙오 등 비전투 손실이 많았고 결국 스스로 무너져 내리고 말았다.

필요하면 상대방의 전략도 베껴야 한다

우리가 타고 다니는 승용차의 디자인을 보면 많은 자동차 회사의 디자인이 유사해서 서로 베낀 것 같은 느낌을 받는다. 기성복의 디자인 추세도 유행을 따라 거의 함께 움직인다. 그러다 보니 여성복 치마의 길이와 경기가 반비례한다는 얘기까지 나온다.

디자인이 서로 비슷해지는 이유는 두 가지로 해석될 수 있다. 하나는 남과 다르게 튀는 데서 오는 위험을 회피하고자 하는 위험관리의 일환이고, 다른 하나는 상대방의 좋은 점을 베끼다 보니 서로 비슷해질 수밖에 없는 것이다. 옆에서 경쟁하는 식당이 고객에게 커피를 무료로 제공하면 나도 커피나 디저트를 무료로 제공해야 경쟁에서 탈락하지 않는다.

2020년 미국 대통령 선거에서 민주당의 바이든 후보는 공화당의 아성이던 조지아주에서 승리를 거두면서 대통령에 당선되었다. 뜻밖의 결과에 놀란 트럼프 후보가 조지아주 국무장관에게 전화해 "도둑맞은 내 표를 찾아내라"라고 해서 논란이 되었는데, 알고 보니 민주당 선거운동원들이 가가호호 방문하면서 지지를 호소하는 맨투맨 전략을 써서 큰 효과를 보았던 것이다.

2024년 미국 대통령 선거에서는 트럼프 후보가 바이든 방식의 맨투맨 전략을 그대로 베껴 써서 조지아주를 탈환하고 대통령에 재선되었다. 당시 해리스 후보는 전국단위 방송광고에 집중하면서 경합 주인 곳의 선거운동에 상대적으로 소극적이었고 조지아주에서도 맨투맨 전략을 쓰지 않았다. 트럼프 후보는 조지아주에 한정하지 않고 경합 주 모두에서 맨투맨 전략을 썼다.

전투에서도 적군이 탱크를 동원하면 아군도 탱크를 동원해야 전투력의 균형을 이룰 수 있다. 필요하면 상대방의 전략을 베껴 써야 하는 것이다.

전쟁의 역사를 들여다보면 적군이 썼던 전략 전술을 그대로 베끼거나 약간 변형된 형태로 베껴서 성공한 사례들이 있다. 로마 장군 스키피오는 적장 한니발의 전술을 철저하게 연구하여 한니발의 장점은 베끼고 약점은 약점대로 파고드는 전술을 개발하여 결국 한니발에게 승리를 거두었다. 러일전쟁 중 치러진 쓰시마 해전을 승리로 이끈 일본 해군의 도고 헤이하치로 원수는 313년 전에 적장 이순신 제독이 썼던 기동 전술을 응용하여 러시아의 발틱 함대를 상대로 일방적인 승리를 거두었다.

누미디아 기병대의 반전

누미디아는 아프리카 북부의 알제리와 튀니지 지역에 거주하던 기마민족을 말하는데 베드윈족의 선조라고 할 수 있다. 베드윈족은 북아프리카에 진출하려는 유럽세력에 맞서 싸우면서 이름을 떨쳤는데, 베드윈족 기병대가 프랑스 외인부대와 전투하는 장면은 여러 영화에 등장한다.

누미디아는 기마민족답게 강력한 기병부대를 보유하고 있었다. 한니발은 로마 원정에 나서면서 부족한 전력을 보완하기 위해 누미디아 기병대를 용병으로 고용했다. 누미디아 기병대는 칸나이 전투에서 초승달 진형의 양 날개에 포진하고 있다가 로마군을 포위해 섬멸하는 데 큰 공을 세웠다.

로마 장군 스키피오는 한니발이 이탈리아에 머무르면서 반로마동맹을 결성하려고 노력하는 동안 카르타고 본국을 직접 공격하는 계획을 세웠다. 스키피오는 한니발이 로마로 진격했던 경로를 거꾸로 하여 카르타고에 상륙했다. 한니발의 군대는 이베리아(지금의 스페인 지역)를 근거지로 해서 알프스산맥을 넘어 이탈리아 반도로 진격해 왔는데 스키피오는 1단계로 4년에 걸친 전쟁을 통해 한니발의 동생들이 영향력을 행사하던 이베리아를 평정했다. 스키피오는 카르타고군의 후방기지라고 할 수 있는 이베리아를 먼저 점령하여 한니발을 고립시키는 한편 대규모 병력을 이끌고 카르타고에 상륙했다.

위기의식을 느낀 카르타고 정부가 한니발을 소환하자 한니발은 그간에 이룩한 모든 것을 버리고 이탈리아에서 철수할 수밖에 없었다. 카르타고에 돌아온 한니발 군대는 기원전 202년 자마에서 스키피오가 이끄는 로마군과 격돌했다. 자마 전투 직전에 한니발은 스키피오와 만나 카르타고 바깥의 영토에 관심을 갖지 않을 테니 강화조약을 맺자고 했다.

하지만 승리를 확신하고 있던 스키피오는 "당신이 이탈리아 반도에 있을 때 강화를 요청했다면 받아들였을 것이다. 그러나 로마군이 카르타고에 온 이상 사정이 달라졌다. 카르타고의 무조건 항복을 원한다. 싫으면 전투에서 나를 이겨야 한다"라며 거절했다. 자마 전투의 결과는 로마군의 압승이었다.

로마 병사는 직사각형 모양의 개인 방패와 창, 그리고 짧은 칼로 무장하고 있었는데 이들은 긴 창을 들고 있는 카르타고 병사에 비해 상대적으로 유리했다. 로마군은 개인 방패와 창으로 카르타고 병사에게 가까이 다가간 후에 짧은 칼로 찌르는 새로운 전술을 사용했기 때문이다. 한니발군은 오랜 원정으로 인해 나이가 든 병사가 많았고 여전히 이민족들이 용병으로 참여하고 있어서 응집력을 발휘하기 힘들었다.

결정적으로는 칸나이 전투에서 한니발의 용병이었던 누미디아 기병대가 자마 전투에서는 스키피오의 용병으로도 활약했다. 누미디아 기병 가운데 2000명은 한니발 진영에 참여했고 4000명은 로마군 진영에 가담했다. 이는 누미디아의 왕이 2명이고 이들이 각자 행동했기 때문인 것으로 보이는데, 로마군 기병대의 숫자가 카르타고군 기병대의 숫자보다 많았다.

칸나이 전투에서는 카르타고군의 기병대 병력이 로마군 기병대 병력보다 많았지만 자마 전투에서는 그 반대가 되었다. 그러자 기병대를 잘 활용하는 한니발이 자신의 특기를 발휘할 수 없게 되었다. 한니발은 칸나이 전투 때와 마찬가지로 누미디아 기병대를 좌우 양 날개에 배치했지만 로마군에 배속된 누미디아 기병대 역시 로마군의 좌우 날개에 배치되었다.

로마군에 배속된 누미디아 기병대의 숫자가 더 많은 상황에서 기병대의 기동력과 충격력을 활용한 한니발의 포위 작전이 먹힐 리 없었다. 오히려 로마 기병대가 카르타고군을 가두었다. 게다가 누미디아 보병 6000명도 로마군에 가담하여 힘을 보탰다. 이것은 용병에 의존했던 카르타고군의 약점이 그대로 노출된 장면이자 로마 정복이라는 한니발의 꿈이 왜 실현될 수 없는 꿈인지를 명확하게 알려주는 장면이다.

스키피오는 카르타고 원정에 앞서 누미디아 사람들을 포섭해 로마 진영으로 끌어들임으로써 한니발에게 결정타를 먹일 비장의 카드를 준비했다. 스키피오는 한니발의 기병전술과 용병 활용전술 같은 장점을 베끼고 약점은 파고드는 전략을 구사함으로써 큰 승리를 거두었고 로마 원로원으로부터 '아프리카누스Africanus'라는 존칭을 수여받았다.

도고 턴

1905년 쓰시마 해전에서 일본 해군은 러시아 발틱 함대에 완벽한 승리를 거두었다. 일본 해군이 승리한 이유는 여러 가지이다.

첫째, 일본 해군의 장비가 러시아보다 신식이었다. 예를 들면 도고 원수가 타고 있던 기함 미카사는 영국 빅커스사에서 제조된 최신식 전함이었다. 일본 기함 미카사는 영국 해군이 보유한 전함보다 성능이 좋아서 영국 의회에서 논란이 되었을 정도였다. 빅커스사는 일본 해군이 부러우면 국방 예산을 새로 편성해서 구매하라고 배짱을 부렸다.

둘째, 일본 해군은 철저한 사격훈련을 통해 함포사격의 신속한 장전과 명중률에서 러시아를 앞섰다. 또한 러시아 장병들은 먼 길을 오느라 체력이 많이 저하된 상태여서 집중력이 필요한 함대 포격전에서 집중력을 발휘하기 어려웠다.

셋째, 러시아 군함은 중간 기착지에서 프랑스, 독일, 영국의 비협조로 군함 바닥 청소 등 정비가 제대로 이루어지지 않아 군함의 움직임이 전반적으로 느리고 둔해졌다.

넷째 이유이자 가장 큰 이유는 일본 함대는 진행방향을 발틱 함대의 진행방향에서 90도 각도로 설정해서 발틱 함대의 종대 진형을 일본 함대의 횡대 진형으로 막아서는 새로운 기동 전술(T자 전법 또는 丁자 전법)을 채택했기 때문이다.

이것은 모든 일본 전함이 발틱 함대의 선두에 선 적함에 포격을 집중해서 종대로 움직이는 발틱 함대의 전함을 선두부터 1척씩 격파해 나가는 새로운 전술이었다. 일본 함대의 진행방향을 90도 각도로 유지하기 위한 함대 기동을 일본 함대 사령관 도고 헤이하치로 원수의 이름을 따서 '도고 턴Turn'이라고 칭했다. 도고 턴은 도고 원수의 참모장교였던 아키야마 사네유키가 고안한 전술인데, 1592년 한산도 해전에서 이순신 제독이 일본 함대를 격파할 때 사용했던 학익진 대형에서 아이디어를 얻었다고 알려져 있다.

그러나 일본 함대가 일자진 형태로 배치되어 종대로 들어오는 러시아 함대를 마주한 것은 오히려 1597년 명량 해전의 조선 함대 일자진을 연상시킨다. 도고 턴은 이순신 제독의 학익진과 일자진을 함께 참고하여 고안된 기동 전술이라고 보는 게 타당할 것이다. 당시 일본 해군에서는 16세기 말 동아시아 전쟁에서 일본 함대를 연파하며 크게 활약했던 이순신 제독의 전술에 대해 많이 연구했고 이순신 제독이 세계 최고의 해군 지휘관이라는 인식이 널리 퍼져 있었다.

메이지 시절 해군 이론가인 사토 데쓰타로 제독은 서양 최고의 해군 지휘관으로 인정받는 네덜란드의 미힐 더 라위터르와 이순신을 비교하면서 이순신이 더 위대한 해군 지휘관이라고 평가한 바 있다. 사실 16세기 말에 이순신 제독이 이끄는 조선 해군이 없었다면 일본군은 서해를 돌아 한양에 상륙하여 조선 조정의 숨통을 조이고 중국 대륙으로 진출할 수 있었을 것이다.

쓰시마 해전이 끝나고 서방의 기자들이 도고 원수를 동양의 넬슨이라고 치켜세우자 도고 원수가 이순신 제독을 언급하면서 본인은 이순신 제독에 훨씬 못 미친다고 발언했다는 야사가 있는데 확인은 되지 않고 있다.

한 가지 분명한 것은 도고 원수가 이순신 제독을 존경한 것은 사실이라는 것이다. 도고 원수는 쓰시마 해전을 앞두고 통영에 있는 이순신 제독의 사당을 방문해 분향하고 제사를 지냈다. 아마도 '일본의 운명을 건 이번 해전에서 학익진과 일자진을 응용하고자 하니 승리할 수 있도록 도와달라'는 간절한 기도도 드렸을 것으로 짐작된다.

도고 원수는 약 313년 전 일본의 중국 정벌 계획을 좌절시킨 적장 이순신 제독을 존경했으며, 그의 전술을 응용해서 러시아 발틱 함대를 격파함으로써 러일전쟁을 승리로 이끄는 발판을 마련했다.

일본 입장에서 보면 이순신 제독은 16세기 말 동아시아 전쟁에서 일본의 대륙 정복 야망을 꺾은 적장이었지만 일본 해군은 이순신 제독의 전술을 활발하게 연구했다.

나폴레옹의 전술로 나폴레옹을 격파한 블뤼허

나폴레옹의 전략

나폴레옹 보나파르트는 지금도 군사천재로 인정받고 있다. 그는 포병의 화력과 기병대의 기동력을 활용하는 전략을 효과적으로 구사했으며, 특히 전투의 흐름을 파악하고 예비대를 투입하는 시점을 정확하게 잡아내는 능력이 탁월했다. 나폴레옹은 사전에 치밀한 전투계획을 수립하는 것으로 유명했는데, 세세한 부분까지 파고들며 무수한 질문을 퍼부어 부하 장교들이 '질문쟁이'라는 별명을 붙여주었다.

나폴레옹은 '참모장chief of staff'이라는 개념을 군대조직에 처음으로 도입했다. 또한 그가 창안한 중앙배치전략은 적은 수의 병력으로 많은 병력의 적군을 격파할 수 있는 효과적인 전략으로 군사학에서도 인정받고 있다.

나폴레옹은 수많은 전투에서 중앙배치전략을 구사해 큰 성공을 거두었는데, 이 전략의 핵심은 적군의 부대 사이의 간극을 파고들어 아군의 주력을 배치하고 적군을 양분하는 것이다. 그러면 한쪽은 소수의 병력으로 상대를 견제하면서 시간을 벌 수 있어 나머지 한쪽에 공격을 집중할 수 있게 된다. 즉, 한쪽을 먼저 격파한 후 이어서 견제하던 다른 한쪽도 격파하는 '적군 분리 후 각개격파' 개념이다. 포병의 화력 집중, 기병대의 신속한 기동이 이 전략의 핵심요소이다.

이 전략은 나폴레옹 시대 이후에도 응용되었는데, 대표적인 사례가 제1차 세계대전 중에 벌어진 타넨베르크 전투이다. 독일군은 러시아 제1군과 제2군 사이의 간극이 너무 큰 사실에 주목하고 제1군과 제2군을 시차를 두고 각개격파했다.

나폴레옹은 1805년 12월의 아우스터리츠 전투에서 중앙배치전략을 응용하여 압승을 거두었는데 이는 나폴레옹의 천재성을 보여준 사례라고 할 수 있다. 나폴레옹은 진지를 구축하면서 일부러 우익의 진지를 멀리 떨어진 장소에 구축했다. 물론 병력도 상대적으로 적게 배치하여 적군의 눈에 이곳이 프랑스군 진영의 약점인 것처럼 보이게 했다. 나폴레옹은 적군이 프랑스군의 우익을 돌파하도록 유인한 것이었다.

적군은 예상대로 프랑스군의 우익을 돌파하려고 시도했지만 전투지역의 지형상 적군이 프랑스군의 우익으로 진격하면 적군 공격대열의 우측이 프랑스군에 노출되는 문제가 있었다. 나폴레옹은 프랑스군의 우익 진지를 공격하는 적군의 오른쪽에 병력을 투입하여 적군을 둘로 나누는 데 성공했다.

그 후 프랑스 우익 진지의 저항에 가로막힌 적을 견제하면서 반대편에 고립된 적군을 신속하게 격파했다. 이어서 우익 진지를 공격하는 적군을 포위하자 적군은 퇴각하기 시작했다. 나폴레옹은 얼어붙은 호수 위로 달아나는 적군에 포격을 집중했다. 그러자 얼음이 깨지면서 달아나던 적군이 모두 익사했다.

나폴레옹의 전략을 베낀 블뤼허의 순발력: 워털루 전투의 전환점

프로이센군 사령관 블뤼허는 워털루 전투의 전초전 격인 리니 전투에서 나폴레옹군에 패배한 후 기막힌 아이디어를 생각해 냈다. 프로이센군이 철수할 당시 나폴레옹 휘하의 그루시 원수가 3만 3000명의 대군을 이끌고 추격하던 상황을 역이용하기로 마음먹었던 것이다. 즉, 병력의 일부는 계속 철수시켜서 그루시로 하여금 철수하는 프로이센 병력이 주력부대인 것으로 착각하게 하여 나폴레옹군 본대와 멀어지게 하고, 프로이센군 주력은 반대 방향으로 신속하게 행군해서 워털루에 있는 영국군에 합류한 후 상대적으로 병력이 부족한 나폴레옹군을 일거에 격파한다는 작전계획이었다.

이 작전은 나폴레옹이 중앙배치전략을 통해 고안한 '적군 분리 후 각개격파' 전술을 응용한 것이어서 나폴레옹의 전술로 나폴레옹을 공격하는 것이었다. 즉, 영국군과 프로이센군을 분리하여 각개격파하려는 나폴레옹의 전술을 거꾸로 적용해 오히려 프랑스군을 두 동강내고 각개격파하는 전술로 만든 것이었다. 사병부터 시작해서 원수까지 진급한 백전노장 블뤼허의 순간적인 판단력과 순발력이 돋보인 장면이 아닐 수 없다.

블뤼허는 사단장 시절인 1806년 예나 전투에서 나폴레옹군에 포위되어 항복하고 포로가 된 적이 있다. 그는 나폴레옹에 대한 복수심이 강했던 인물로 실전 경험을 통해 나폴레옹의 전략을 잘 이해하고 있었다. 블뤼허는 나폴레옹의 '분리 후 각개격파 전술'을 나폴레옹에게 적용하여 통쾌하게 복수를 함과 동시에 나폴레옹을 완전한 몰락으로 이끌었다.

나폴레옹 입장에서 보면 자기 꾀에 자기가 속아 넘어간 꼴이었고 마지막 장면에서 그간의 화려한 전적을 모두 말아먹은 모양이 되어버렸다.

나폴레옹 전술로 다시 보는 사르후 전투

1619년에 있었던 사르후 전투는 여진족이 세운 신생국가 후금과 명나라 사이에 일어난 전투이다. 후금은 이 전투에서 승리함으로써 신생국가의 기반을 다지게 되었다. 즉, 사르후 전투는 대륙의 패권이 한족에서 여진족으로 넘어가는 출발점이 된 역사적인 전투였다.

명군이 패배한 이유는 여러 가지로 설명된다. 당시 명은 국가가 이미 기울어 군기가 문란했고 무기 관리도 제대로 이루어지지 않아 전투력이 부족했다. 지휘관들이 서로 반목하면서 협조도 이루어지지 않았다. 가장 결정적인 패인으로 꼽히는 것은 병력의 분산과 집중이 적절하게 이루어지지 못해 명군이 우세한 병력과 화력을 제대로 쓰지 못했다는 것이다.

명군은 후금 정벌을 위해 진격하면서 병력을 네 갈래로 분산시켰다. 후금군의 총 병력은 5만 명 수준이고 명군은 10만 명이 넘었는데 명군이 분산됨으로써 후금군이 명군을 각개격파할 수 있는 여건이 마련되었다. 명군이 병력을 분산시켜 진격한 것은 보급의 효율성 측면에서 볼 때 이해가 되는 조치였다. 당시의 도로 사정을 감안하면 대규모 군대가 함께 움직일 경우 식량 보급 등 물류 관리가 쉽지 않았고 행군 대형을 유지하기도 어려웠다.

그렇지만 보병 위주인 명군과 기병이 주력인 후금군을 비교할 때 후금군이 기동력을 발휘하면 명군이 각개격파될 위험이 컸으므로 명군 지휘부는 분산된 상태에서 공격받을 가능성에 충분히 주의를 기울였어야 했다.

명군은 집결지를 후금의 수도로 정했는데, 이것은 병력이 네 갈래로 분산된 상태에서 적군 지역을 행군하는 것을 의미하므로 명백히 잘못된 결정이었다. 병력이 분산되더라도 적군 지역에서는 다시 합류해서 적의 공격에 대비해야 하는데 명군 지휘부는 후금군의 전투력을 과소평가하고 병력의 분산과 집중에 관해 세밀한 작전을 세우지 않는 과오를 범했던 것이다.

후금 지도자 누르하치는 정찰대를 풀어 명군의 진격 상황을 자세하게 파악하고 명군을 하나씩 차례로 각개격파하는 작전을 세웠다. 분산되어 전진하던 서로군, 북로군, 동로군이 후금 기병대에 차례로 각개격파되었고 후방에 뒤처져서 전진하던 남로군만 겨우 퇴각하면서 사르후 전투는 명군의 참혹한 패배로 끝났다.

나폴레옹의 중앙배치전략 관점에서 보면 병력이 열세인 후금군이 명군을 분산시키려는 노력을 해야 했다. 그런데 월등히 많은 병력을 보유한 명군 지휘부가 스스로 병력을 4개의 집단으로 나누는 바람에 후금군이 손쉽게 명군을 각개격파할 수 있었다. 10만 명 대 5만 명의 싸움이 순차적으로 벌어진 4개의 2.5만 명 대 5만 명의 싸움으로 바뀌면서 명군의 병력 우세는 사라지고 후금군의 병력이 우세하게 되었다.

명군의 주력은 보병이고 후금군의 주력은 기병이어서 전투력 격차는 더 벌어졌다. 병력의 집중과 분산을 적절하게 관리하여 전투력을 극대화하는 것은 군사작전의 기본이다.

때로는 계산된 도박을 해야 한다

해외근무를 나가게 되면 누구나 한 번쯤 고민하는 문제가 있다. 살고 있는 아파트를 팔아 그 돈으로 주식을 샀다가 주가가 오르면 국내로 돌아와 아파트 평수를 늘릴까, 아니면 평범하게 전세 계약이나 월세 계약을 할까 하는 고민이다.

만약 주식시장이 상승기라고 확신하면 집을 파는 모험을 할 수도 있다. 주변의 지인 중에는 아파트를 팔고 주식을 사서 대박난 사람도 있고, 아파트 가격은 2배로 올랐는데 주식은 반토막이 나는 바람에 서울 중심부에서 외곽으로 밀려나 평수도 줄어든 전세 아파트에서 살게 된 사람도 있다.

의사결정에 영향을 미치는 환경이나 요인은 고정되어 있지 않기 때문에 의사결정에는 늘 위험이 따르기 마련이다. 그리고 불확실성도 극복해야 한다. 위험이 있고 불확실성이 존재한다는 이유로 의사결정을 미루거나 안 할 수는 없는 일이다. 의사결정에는 늘 적절한 타이밍이 있기 때문이다.

해외 근무를 나가기 전에는 살고 있는 집에 대해 필요한 의사결정과 조치를 반드시 매듭지어야 한다. 만약 의사결정 대안에 존재하는 위험과 불확실성을 인식하고 측정할 수 있다면 의사결정이 쉬워질 것이다. 목표를 달성하기 위해 감수해야 하는 위험과 불확실성에서 오는 비용이 감당할 수 있는 범위 내에 있다면 과감하게 선택해서 실행에 옮겨야 한다. 이런 행동을 '계산된 위험 감수calculated risk-taking'라고 칭한다.

전투 상황에서도 많은 위험과 불확실성이 존재한다. 위험과 불확실성을 감안해서 작전계획을 수립해야 하는데 의미 있는 목표를 달성하기 위해 큰 희생을 각오하면서 작전을 결행하는 경우도 있다.

대표적인 작전이 1942년 4월 두리틀 특공대가 감행한 일본 본토 폭격작전이다. 이 작전은 항공모함에 폭격기를 싣고 일본 근해까지 가서 항공모함 갑판에서 폭격기를 띄워서 도쿄를 비롯한 일본 영토를 폭격하고 미국으로 귀환하는 작전이었다. 위험과 불확실성이 컸지만 진주만 기습을 응징함으로써 미국 국민들에게 자긍심과 용기를 불어넣겠다는 목표를 위해 결사대를 보냈던 것이다.

클라우제비츠는 전쟁은 언제나 불확실성과 함께한다고 말

했다. "군사행동의 기초를 형성하는 것 중 3/4은 지극히 애매하고 불확실한 구름에 가려져 있다. 전쟁은 우연의 영역에 속하는 것이다." 교통, 통신, 수학의 발달로 클라우제비츠가 살았던 시절에 비해 불확실성과 위험의 정도가 많이 낮아졌지만 불확실성과 위험을 완전히 제거하는 것은 여전히 불가능하다.

방심이 만든 기적: 두리틀 특공대

진주만 공습을 당한 후 미국의 여론은 하루라도 빨리 일본에 보복을 해야 한다는 것이었다. 그렇지만 뾰족한 방법이 없어 고민하고 있었다. 그런데 "항공모함에 폭격기를 싣고 일본 근해로 가서 본토를 폭격하자"는 다소 엉뚱해 보이는 아이디어가 제시되었다.

가장 큰 문제는 몸체가 무거운 폭격기가 항공모함 갑판의 짧은 활주로에서 뜰 수 있느냐 하는 것이었다. 육군 항공대의 에이스 조종사인 두리틀 중령은 시도해 볼 만한 작전이라고 여겼다. 그는 유능한 조종사들을 모아 맹훈련한 후 16대의 B-25 미첼 폭격기를 항공모함 호넷에 싣고 일본열도로 출발했다.

두 번째 문제는 B-25 폭격기가 항공모함에 착함하지 못하기 때문에 소련이나 중국에 착륙한 후 그 국가들의 도움을 받아 귀환해야 한다는 것이었다. 독일군의 침공으로 혈전을 거듭하고 있었던 소련은 일본과의 관계가 틀어져 있었으므로 일본군이 소련의 동쪽 국경을 공격하면 동서 양쪽에서 전쟁을 치르는 어려운 상황이 초래될까 걱정이 되어 거절했다. 그래서 중국 국민당의 협조를 얻어 중국의 안전지역에 착륙하기로 결정했다.

세 번째 문제는 일본으로 접근하는 과정에서 일본군 감시망에 미리 발각되지 않아야 한다는 것이었다. 미리 발각되면 폭격기가 작전 반경 내에서 임무를 수행할 수 없기 때문이었다. 실제로 폭격기 출발 예정 지점에서 300km 못 미치는 곳에서 일본군 경비정에 항공모함 호넷이 발각되었다. 당장 폭격기들을 출발시키면 폭격에 성공하더라도 중국 본토의 착륙 목표 지점에 닿지 못하고 바다에 빠지거나 일본군 점령지역에 불시착할 가능성이 높아졌다. 그럼에도 불구하고 두리틀 특공대의 B-25 미첼 폭격기 16대는 모두 호넷함을 떠나 일본 도쿄를 향해 날아갔다.

1942년 4월 18일 두리틀 특공대는 도쿄 천황궁 근처와 일본 도시들을 공습하는 데 성공했고, 우여곡절 끝에 80명의 대원 중 69명이 생환했다. 작전의 난이도가 상당히 높아서 자살공격대나 마찬가지였던 점을 감안하면 아주 높은 생환율이었다.

생환율이 높았던 이유는 일본군 지휘부가 미국이 돈틀리스 급강하 폭격기, 와일드캣 전투기, 데버스테이터 뇌격기 등 항공모함 함재기로 공격할 것이라고 단정하는 실수를 범했기 때문이다. 쌍발기들이 접근한다는 보고가 들어왔지만 "미국 해군 함재기에는 쌍발기가 없다"는 쓸데없는 유식함에 기대서 접근해 오는 B-25 폭격기를 일본 항공기로 오인해 아무런 대응을 하지 않았다.

만약 일본 전투기들이 요격에 나섰다면 호위 전투기 없이 접근하던 B-25 폭격기가 자체 방어 능력으로 일본 전투기를 상대하는 것은 벅찬 일이었을 것이다. 아마도 도쿄까지 못 가고 대부분 격추되었을 것이다. 작전 개념이 워낙 기발하고 대담하다 보니 일본군의 상상력의 범위를 크게 벗어났고 일본군은 그야말로 눈 뜨고 코를 베이는 망신을 당했던 것이다.

두리틀 특공대의 공습으로 천황궁 근처에 폭탄이 떨어지자 크게 당황한 일본군 지휘부는 그제야 미국 항공모함을 격침해야 한다고 주장해 온 해군의 목소리에 귀를 기울이게 되었다.

두리틀 특공대의 공습이 성공한 후 불과 2개월도 지나지 않은 1942년 6월 7일 일본 연합함대가 미드웨이를 공격했다. 미드웨이 공격작전은 일본 육군이 반대하던 작전이어서 두리틀 특공대의 공습이 없었으면 미드웨이 해전도 없었을 것이고 태평양 전쟁의 전개 양상도 달라졌을 것이다. 두리틀 특공대의 일본 본토 공습은 단순한 보복을 넘어 결과적으로 태평양 전쟁의 흐름을 바꾸는 계기를 제공했다.

레이테만 해전의 미끼: 오자와 함대

태평양 전쟁의 추가 미국의 우세로 기울고 태평양에 퍼져 있던 일본군의 기지가 차례로 무너져 내리면서 일본군은 막다른 길로 접어들었다. 일본군의 숨통을 조이기 위해 미군은 1944년 10월 필리핀 탈환 작전을 개시했다. 필리핀 점령이 꼭 필요한지에 대해서는 미군 수뇌부에서도 이견이 존재했다. 하지만 맥아더 장군은 부하 장병들을 놓아둔 채 필리핀에서 홀로 쫓겨났던 치욕을 만회하고 싶어 했고 치열한 논쟁 끝에 1944년 10월 20일 드디어 필리핀 상륙작전이 개시되었다.

미군 상륙부대가 레이테만으로 상륙을 시도하자 일본군은 육군과 해군의 합동작전을 통해 상륙 단계에서 미군을 격파하겠다는 작전을 세웠다. 그러나 일본 연합함대가 4개월 전에 있었던 마리아나 해전에서 대패하면서 일본군은 제공권을 완전히 상실한 상태였기 때문에 선불리 움직이다가는 해군력이 완전히 궤멸될 수도 있었다.

여기에서 일본 해군 수뇌부는 기발하고 대담한 미끼작전을 기획했다. 오자와 지사부로 제독이 지휘하는 항공모함 전대로 미군 주력 항공모함 전대를 유인해 레이테만에서 멀어지게 하고, 그 틈에 구리타 다케오 제독의 함대가 레이테만에 진입해서 상륙 중인 미군에 함포사격을 가해 결정타를 가한다는 작전이었다. 성공하면 정신없이 밀리고 있던 일본군이 숨을 고르고 전열을 재정비할 시간을 얻을 수 있었다.

작전이 성공하려면 오자와 함대의 희생, 그리고 구리타 함대의 결사 분전이 함께해야 했고, 무엇보다도 미군의 주력 항공모함 전대가 미끼를 물어야 했다. 레이테만 해전의 과정과 결과, 그리고 지휘관들의 실책 여부에 관해서는 이런저런 말이 많지만 어쨌든 일본군의 작전계획은 기발했고 계산된 도박이었다.

오자와 함대는 미군 주력인 제3함대를 유인하는 데 성공했고 일방적인 전투 끝에 항공모함 4척을 모두 잃었다. 오자와 함대의 항공모함에는 항공기와 조종사가 크게 부족해 사실 껍데기나 마찬가지여서 미끼 역할 이외에는 의미 있는 역할을 할 수 없었다. 이제 구리타 함대가 레이테만에 진입해서 미군 수송선단에 함포사격을 가하면 작전이 의도한 대로 실행되는 것이었다.

구리타 함대의 움직임을 포착한 미군 제7함대 소속의 태피 3 전대는 전력 열세에도 불구하고 전멸을 각오하고 구리타 함대를 막아섰다. 그런데 구리타 제독은 자신의 함대가 마주친 태피3 전대를 미군의 주력 함대라고 착각했다. 그래서 구리타 제독은 태피3 전대를 물리친 후 레이테만으로 진입하지 않았다. 일본 함대의 피해가 컸기도 했지만 미군의 주력 함대를 혼내주었으니 이만하면 되었고 굳이 자살행위에 가까운 레이테만에 진입할 이유가 없다고 생각했기 때문이다. 작전의 가장 중요한 퍼즐 조각을 맞추지 못했던 것이다.

구리타 함대의 조공부대인 니시무라 함대는 홀로 레이테만에 진입하려고 시도했다가 전멸했다. 결국 일본 해군은 귀중한 전력만 손실하고 작전목표를 달성하지 못했다. 가장 어려운 퍼즐 조각인 미끼작전에 성공했음에도 불구하고 상륙 중인 미군 부대를 공격하기로 한 구리타 함대가 임무를 회피함에 따라 미군 상륙 병력과 수송선단에 타격을 가하지 못했던 것이다.

사실 미군은 구리타 함대의 진출로 허를 찔려 대혼란에 빠졌었다. 제3함대의 윌리엄 홀시 주니어William Halsey Jr. 제독은 오자와 함대에 낚여 레이테만에서 멀어졌는데, 제7함대의 토머스 킨케이드Thomas Kinkaid 제독이 홀시 제독에게 긴급지원을 요청했다. "상황이 심각하다. 고속전함과 폭격기를 보내서

적 함대가 아군 항공모함을 격파하고 레이테만에 진입하는 걸 막아달라."

제3함대 사령관 홀시 제독은 본인의 엄청난 실수를 깨닫고 부하들 앞에서 눈물을 흘릴 정도로 크게 당황했다고 한다. 나중에 홀시 제독이 원수 계급을 부여받을 때 해군성 내에서는 이때 홀시가 범한 큰 실수를 들어 진급에 반대했을 정도로 위험한 상황이었다. 사실상 레이테만은 뻥 뚫려 있었던 것이다.

구리타 함대는 성공 직전까지 갔었고 일본 해군의 과감한 도박은 결실을 맺을 수도 있었다.

리지웨이의 도박: 지평리 전투

연합군은 1950년 9월 인천상륙작전을 통해 서울을 탈환하고 북한군을 북쪽으로 몰아내며 압록강까지 진격했다. 그러나 한반도로 잠입한 대규모 중공군의 기습공격을 받아 큰 타격을 입고 밀려 내려왔고, 1951년 1월 4일에 다시 서울을 내주었다.

낙동강 방어선 전투를 승리로 이끈 월턴 워커Walton Walker 장군이 교통사고로 순직하자 리지웨이 장군이 제8군 사령관으로 새로 부임했다. 리지웨이 장군은 1951년 1월 중순부터 중공군의 배치 상황과 보급선을 직접 정찰한 후 중공군이 피로감을 느끼고 있고 보급에도 어려움을 겪고 있다고 판단했다. 즉, 중공군의 대공세가 공세 종말점에 이르렀다고 판단하고 2월 들어 공세로 전환하는 방향을 모색하기 시작했다.

중공군도 공격의 기세를 이어가기 위해 우선 동부전선의 한국군 사단들을 공격하여 무너트렸다. 기세가 오른 중공군이 경기도 양평으로 기동해 서부전선의 미군을 에워싸면 한국군이 금강 방어선까지 밀릴 수밖에 없는 상황이었다.

비관적인 분위기가 합동참모본부와 극동군 사령부의 미군 지휘부를 지배했지만 리지웨이 장군은 승산이 있다고 판단하고 과감한 작전을 기획했다. 양평 지평리에 보병 제23연대를 주축으로 하고 포병부대와 전차부대로 보강한 전투단을 보내 원형 사주방어진지를 구축함으로써 미끼작전을 쓴 것이다. 중공군은 이 미끼를 물었는데 지평리가 동부전선의 중공군을 서부전선으로 투입하는 길목이었기 때문이다.

1951년 2월 13일부터 3일 동안 중공군은 4개 사단을 동원하여 지평리에 있는 미군 진지를 공격했다. 미군 포병대는 진지 주변에 촘촘한 화망을 구성하고 중공군의 밀집대형에 불벼락을 쏟아부었다. 중공군은 미군 포병의 막강한 화력에 많은 인명 손실을 입은 후 퇴각했다. 한때 중공군의 인해전술로 방어선이 돌파되기도 했는데 미군에 배속되어 있던 프랑스 대대가 착검 돌격으로 중공군을 밀어냈다. 요란한 사이렌을 울리고 괴성을 지르면서 달려드는 프랑스 대대의 기세에 중공군은 압도되고 말았다.

미군은 지평리 전투에서 승리한 후 더 이상 공세를 취할 여력이 남아 있지 않은 중공군을 다시 서울 바깥으로 몰아내고 3월 16일 서울을 재탈환했다.

지평리 전투는 적군의 의도(서부전선의 미군을 동쪽으로부터 에워싸서 포위하는 것)를 읽고 적군이 기동할 길목에 강력한 원형 방어진지를 구축함으로써 적을 유인하여 결정적인 타격을 가한 작전으로, 지평리의 미군 진지는 일종의 덫이자 계산된 도박이었다.

리지웨이 제8군 사령관은 전투가 한창인 지평리를 방문해 장병들을 격려하면서 사기를 진작했다. 또한 기갑부대가 주축인 구원부대를 보내 중공군의 포위망을 뚫고 지평리로 들어서게 해서 중공군 대열을 와해시켰다.

제2차 세계대전 기간 중이던 1944년 겨울 서부전선에서 발발한 벌지 전투에서는 제101공수사단이 고립된 채 교통요지인 바스토뉴를 사수한 일이 있었다. 당시 크레이턴 에이브럼스 중령(제16대 한미연합사 사령관 로버트 에이브럼스 대장의 아버지)이 지휘하는 전차 대대는 적의 포위망을 뚫고 제101공수사단을 구원했는데, 리지웨이 장군의 작전은 이때의 작전과 유사했다.

리지웨이 장군은 제2차 세계대전 유럽전선에서 제82공수사단장을 역임하고 제101공수사단이 소속된 제18공수군단장을 역임했으므로 리지웨이 장군이 지휘한 지평리 전투의 작전은 벌지 전투에서 영감을 얻었을 가능성도 있다.

만약 지평리 전투에서 미군이 패배했다면 중공군이 금강 방어선까지 남하했을 것이고 미군은 전쟁 수행에 큰 어려움을 겪었을 것이다. 지평리 전투가 시작되는 시점에 미국 합동참모본부와 미국 정부는 한반도를 포기하고 철수해서 제주도에 망명정권을 수립하는 방안까지 검토했다.

지평리 전투가 벌어지기 전 제10군단장 앨먼드 장군과 여러 참모들은 지평리에서 철수할 것을 건의했다. 그러나 리지웨이 장군은 위험을 무릅쓰고 저공비행으로 직접 정찰활동을 하면서 중공군이 보급 문제 때문에 공세를 계속 유지하기 어려운 한계, 즉 공세 종말점에 이르렀다고 판단했다.

지평리에서 버티고 있으면 절대 우위를 점하고 있는 미군 화력과 제공권을 토대로 승리를 거둘 것이라고 확신하고 이곳을 사수할 것을 명령했다. 지평리 전투는 리지웨이 사령관의 정교하게 계산된 도박이었다. 지평리 전투는 중공군의 기를 꺾어놓는 데 성공했고 전쟁의 흐름을 바꾸는 데 결정적으로 기여했다.

리지웨이 장군은 중공군이 병력은 많지만 미군에 비해 포병화력이 절대적으로 부족하고 인해전술 때문에 밀집대형으로 움직이는 약점이 있다는 것을 파악하고 포병화력으로 밀집대형을 부수는 데 승부를 걸었다. 리지웨이 장군은 중공군의 개입 이후 중공군의 전투력을 과대평가하며 패배주의에 빠져 있는 예하 지휘관들을 전면적으로 교체했으며(사단장 6명 중 5명을, 연대장 19명 중 14명을 교체했다), 극동사령부와 미국 합동참모본부에 포병부대만 더 보내주면 이길 수 있다고 설득했다.

새뮤얼 웰스Samuel Wells는 한국전쟁의 세계사적 의미를 재조명하면서 "한국전쟁이 세계열강의 전략무기 경쟁을 촉발했다"라고 분석한 바 있다. 웰스는 그의 저서 『한국전쟁과 냉전의 시대Fearing The Worst』(한울, 2020)에서 군사분석가 토머스 릭스Thomas Ricks의 다음과 같은 평가를 인용하면서 리지웨이의 업적을 크게 치하했다. "미국 합참은 덩케르크와 같은 철수작전을 통해 한국을 포기하려 했고 맥아더는 중국을 상대로 한 광범위한 전쟁(원자폭탄 사용까지 포함)을 옹호했다. 리지웨이는 우수한 리더십이라는 대안을 제공했다."

미국 육군 원수 지위에 올랐던 제2차 세계대전의 명장 오마 브래들리Omar Bradley 장군도 한국전쟁의 흐름을 바꾼 리지웨이의 업적에 대해 "미국 육군 역사상 가장 위대한 지휘 공적"

이라고 평가했다.

리지웨이 장군은 합동참모본부의 의견을 따라 한반도에서 철수하는 쉬운 길이 있음에도 불구하고 뛰어난 리더십을 발휘했고, 일신의 안위를 돌보지 않은 채 대한민국의 자유를 지키기 위해 분투했다. 리지웨이 장군은 대한민국의 자유를 지키고 대한민국을 위기에서 구한 진정한 영웅이자 은인이다.

베트남 전쟁의 변곡점: 일석이조의 도박이던 구정대공세

베트남 전쟁은 1968년 설날을 기점으로 중대한 변곡점을 맞았다(참고로 베트남어로 설날을 '뗏'이라고 한다. 우리가 설날에 입는 색동옷을 때때옷이라고 하는 것도 베트남어와 어원이 같을 수 있다). 이날 남베트남해방군(베트콩)과 북베트남군의 대공세가 시작되었기 때문이다.

설날에 단행된 구정대공세는 초반에는 기습효과를 거두며 미군을 혼란에 빠트렸다. 사이공의 탄손누트 공항이 공격을 받아 화재가 발생했고, 미국대사관에서는 경비 병력이 희생되었다. 그러나 미군은 곧 우세한 화력으로 공세를 진압했고 베트콩은 조직이 거의 와해되는 큰 피해를 입었다.

그러나 미국대사관이 공격당하는 장면이 TV를 통해 전 세계에 방영되고 베트남 제2의 도시이자 옛 왕국의 수도였던 후에가 25일 동안 베트콩에 점령당하면서 미국 국민들 사이에서 베트남 전쟁에 대한 회의론이 힘을 얻었다. 특히 1968년 미국 대통령 선거에서 베트남 전쟁 종결을 공약으로 내세운 공화당의 리처드 닉슨이 승리함으로써 구정대공세는 전술적으로는 패배했지만 전략적으로는 승리하는 결과를 낳았다.

구정대공세를 기획한 북베트남 지도부는 '북베트남군과 베트콩이 동시다발적인 공세를 취해 남베트남에서 민중봉기를 이끌어내 남베트남 정부를 전복시킨다'라는 목표를 세웠다. 하지만 이것은 어디까지나 표면에 내세운 목표였고 속셈은 다른 데 있었다. 미군이 베트남 전쟁의 주도권을 쥐고 공산세력을 압도하고 있다고 알고 있던 미국 국민들에게 큰 충격을 줌으로써 미국의 여론이 반전 무드로 바뀌도록 하려고 기획한 작전이었다. 만약 미국의 여론을 바꾸는 데 실패했다면 베트콩과 북베트남군의 막대한 인명 손실은 의미 없는 희생이 되었을 것이다.

구정대공세는 일종의 계산된 도박이자 성공한 도박이었다. 구정대공세는 북베트남이 기획하고 주도했지만 북베트남군은 주로 국경지대에서 공세를 취했기 때문에 포위공격을 당할 위험이 없어서 피해가 크지 않았다. 반면 베트콩은 내륙의 주요 도시와 시설을 공격했다가 포위되어 섬멸 당했기 때문에 조직이 사실상 붕괴되었다.

베트콩 지휘부도 큰 희생을 치르면서 와해되어 구정대공세 이후 베트콩은 북베트남에서 파견된 인력이 장악하게 되었다. 베트콩의 지휘부는 남베트남 정부를 전복시킨다는 작전 개념에 큰 매력을 느꼈을지 모르지만 민중봉기가 일어나지 않을 경우 베트콩이 포위 섬멸될 수 있다는 위험을 제대로 인식하지 못했다.

1968년 구정대공세는 미국이 베트남에서 손을 떼는 결정적인 계기가 된 역사적 사건이었다. 미군과 싸우는 데 방점을 두는 대신에 미국의 여론을 상대로 심리전을 폈던 북베트남 지도자들의 탁월한 안목과 전략적 사고능력이 돋보인다. 아울러 북베트남 지휘부는 남베트남해방군(베트콩)의 조직까지 장악함으로써 대미항쟁에서 승리한 후 남북통일 과정에서 발생할 수 있는 분열의 씨앗까지 제거하는 고차원의 정치역량을 보여주었다. 북베트남 입장에서 보면 구정대공세가 일석이조의 묘수였던 셈이다.

아무리 어려워도 스쳐가는 기회는 있다

살다 보면 위기에 처할 때가 있다. 그렇지만 호랑이 굴에 잡혀가도 정신만 똑바로 차리면 살아날 길이 있다는 옛말이 있듯이 아무리 어렵더라도 순간적으로 스쳐가는 한 번의 기회는 있기 마련이다. 하지만 스쳐가는 기회를 눈치 채지 못할 수도 있고, 스쳐가는 기회를 인지했지만 망설이다가 놓치고 난 후에 땅을 치고 후회할 수도 있다. 순식간에 스쳐가는 기회를 잡으려면 주변의 움직임을 예의주시해야 한다.

1997년 말에 외환위기가 발생하자 한국은 위기를 극복하기 위해 동분서주했다. 1998년 봄에 APEC 재무장관회의가 캐나다 로키산맥의 휴양지 캐내내스키스에서 열렸다. 미국, 일본, 중국, 호주의 재무장관, IMF와 세계은행, 아시아개발은행의 총재들도 참석하는 비중 있는 회의여서 한국으로서는 이 기회를 활용해 정부의 외환위기 극복 노력을 국내외에 알릴 필요가 있었다.

그런데 외환위기 여파로 국내 언론이 비용을 부담하기 어려워 캐나다로 동행하지 못했다. 한국의 재무장관이 미국 재무장관, 일본 재무장관, 국제금융기구 총재 등 주요 인사와 만나 위기극복을 위한 협력을 이끌어내는 활약을 펼칠 계획이었지만 이를 영상으로 촬영하여 국내외에 송출하는 것은 불가능했다. 국제금융시장에서 한국의 이미지를 개선해서 필요한 달러를 확보할 수 있는 좋은 기회를 놓치게 되고 만 것이다.

그런데 게임은 끝날 때까지 끝난 게 아니다. 장관을 수행하던 실무자가 현지에서 외국 통신사 기자를 우연히 만났는데 말이 잘 통했다. 그 기자에게 "외환위기 극복을 위해 노력하는 한국 재무장관의 활약상을 영상 취재해 송출하면 좋지 않겠느냐?"라고 제안하자 그 기자는 선뜻 좋은 생각이라고 동의했다.

그 덕분에 이규성 당시 재무장관의 활약상을 취재한 영상 자료와 기자의 설명이 전 세계로 송출되었고, 한국의 지상파 방송사들도 이 영상을 받아 메인뉴스에서 방송했다. 스쳐지나가는 기회를 움켜쥔 것이었다. 캐나다 로키산맥에서 대한민국을 도와주었던 외국 통신사 기자에게 경의를 표한다. 신의 축복이 늘 함께하기를 기원한다.

1812년 6월 24일 프랑스 황제 나폴레옹 1세는 대륙봉쇄령을 어긴 러시아를 징벌하기 위해 직접 대규모 원정군을 이끌고 프랑스를 떠나 러시아로 향했다. 서둘러 원정군을 편성해서 출발하는 바람에 식량, 식수, 피복 등 기본 보급품을 충분히 준비하지 못한 상태였다. 그런데 강력하게 막아설 것으로 예상했던 러시아군은 프랑스군과의 전투를 회피하며 후퇴를 거듭했다.

나폴레옹은 병사들을 다그쳐 행군 속도를 높이고자 했지만 보급 부족으로 지친 병사들이 탈영하거나 질병으로 죽어나갔고 시간이 지날수록 프랑스군의 전투력이 줄어드는 악순환이 계속되었다. 프랑스군의 전투력이 한계에 거의 다다랐을 때 러시아군은 모스크바 근처의 도시 보로디노에서 후퇴를 중단했다. 나폴레옹은 보로디노에서 찾아온 마지막 한 번의 기회를 살려야 했다.

프랑스 원정군의 문제점과 러시아군의 대응

프랑스 원정군의 첫 번째 문제점은 다국적군이라는 데 있었다. 우선 언어가 통하지 않으니 의사소통과 협조에 어려움을 겪었고 나폴레옹에 대한 충성심에도 큰 차이가 있었다. 다국적군의 일부는 무단으로 전장을 이탈하기도 했다.

두 번째 문제점은 보급이었다. 충분한 사전 준비 없이 결행된 군사작전이라 식량, 식수, 피복 등 보급품을 제대로 준비하지 못했다. 게다가 진격속도가 빨라 후방의 보급거점과 연결하기 어려워지자 보급품을 현지에서 조달하려 했지만 이 역시 원활하지 못했다.

말에게 먹일 건초와 귀리가 부족해 러시아 국경을 넘어 얼마 가지 못했는데 이미 2만 필의 말이 죽거나 군마로 부리기 어려울 정도로 여위어졌다. 기병의 기동력을 중시하는 나폴레옹의 전술을 생각하면 엄청난 전투력 손실이었다.

또한 증류수가 부족해 병사들이 길가에 고인 물을 마셨는데 그러자 병사들에게 장티푸스가 유행했다(그동안 발진티푸스로 알려졌지만 최근 파스퇴르연구소가 DNA 분석을 통해 장티푸스였음을 밝혀냈다). 첫 2주 만에 국경을 넘은 약 40만 병력의 1/3에 해당하는 13만 5000명이 장티푸스로 죽어나갔다.

피복문제도 심각했다. 러시아의 추위를 이겨낼 수 있는 두꺼운 방한복이 충분히 지급되지 않아 특히 모스크바에서 철수하여 후퇴하는 과정에서 동사자가 속출했다.

세 번째 문제점은 프랑스가 생각한 대로 러시아군이 움직여주지 않았다는 것이다. 국토를 한 치라도 뺏길 수 없다는 각오로 프랑스 원정군을 막아설 줄 알았는데 계속 후퇴만 했다. 원래 멀리서 온 원정군을 상대하는 방식은 원정군의 보급선이 길어져 원활한 보급이 어려워지고 피로감이 누적될 때까지 기다렸다가 반격을 가하는 것이 정석이다. 7세기에 중국과 자웅을 겨루던 동아시아의 강국 고구려도 중국의 침략을 받으면 철저하게 청야작전을 폈다. 백성과 가축을 성 안으로 피신시키고 식량이 될 만한 것을 하나도 남기지 않았다. 중국 원정군이 보급 문제로 지치길 기다렸다가 결정적인 반격을 가하는 방식이었다.

프랑스가 단행한 러시아 원정작전의 가장 근본적인 문제점은 전쟁의 명분이 크게 부족했고 프랑스의 국력으로는 러시아와 영국을 동시에 상대하기에 역부족이라는 것이었다. 국가 간의 정상적인 교역을 금지하는 대륙봉쇄령을 어겼다고 발칵 홍분해서 러시아를 무력으로 응징한다는 발상은 프랑스 국민조차 공감하기 어려운 일종의 독선이었다.

프랑스의 인구와 생산력은 러시아에 못 미쳤기 때문에 장기전으로 갈수록 프랑스가 불리한 상황에 몰릴 수밖에 없었다. 러시아군은 프랑스 원정군에 질병, 탈영, 낙오로 인한 비전투 손실을 증가시킴으로써 이들이 제 풀에 꺾여나가도록 한다는 작전을 구사했다.

병력이 더 줄어들기 전에 빨리 싸워 결말을 보고 싶어 하는 나폴레옹의 의중을 꿰뚫고 지속적으로 전투를 회피했던 것이다. 사람을 모두 대피시키고 먹을 것을 하나도 안 남기는 청야 작전을 쓴 것은 아니었지만 수십만 병력의 먹거리를 현지 조달하는 것은 거의 불가능에 가까웠다. 따라서 무질서한 약탈 행위가 난무할 수밖에 없었다.

프랑스 원정군은 명분 없는 전쟁에 동원되어 고생하다 보니 권위에 대한 존경심이 바닥나고 조직이 와해되는 과정을 겪었다. 이런 프랑스 원정군에 전투 기회를 제공하는 것은 어리석은 일이었다.

러시아군 내부와 궁정에서는 후퇴만 하지 말고 싸워야 하는 것 아니냐는 의견도 있었지만 러시아군 지휘부는 흔들리지 않았다. 프랑스 원정군의 대책은 추격의 속도를 높여 후퇴하는 러시아 군대를 따라잡는 것이었는데, 러시아 영토 안에서 보급 상황이 상대적으로 양호한 러시아 군대를 따라잡는 것은 결코 쉬운 일이 아니었다.

스쳐지나가는 기회: 보로디노 전투

스몰렌스크에서 프랑스 원정군과 러시아군은 처음으로 전투다운 전투를 벌였다. 러시아군 사령관 바르클라이 드 톨리

Barclay de Tolly는 전투를 할 생각이 없었으나 드니프로강을 건너 후퇴하는 과정에서 네 원수가 이끄는 프랑스 원정군 선발대에 후미를 따라잡혀 전투가 벌어졌다. 네 원수의 활약으로 프랑스 원정군이 승리하긴 했으나 러시아군에 결정적인 타격을 주지는 못했다.

스몰렌스크 전투에서 러시아군이 패배하자 러시아 황제는 톨리를 해임하고 미하일 쿠투조프Mikhail Kutuzov를 러시아군 사령관에 임명했다. 프랑스 원정군이 모스크바에 거의 다다르자 러시아 내부에서는 제대로 한 번 싸워보지도 않고 수도 모스크바를 침략군에 내어줄 수는 없다는 여론이 들끓었다. 그리하여 러시아군 신임 사령관 쿠투조프는 보로디노에서 프랑스 원정군을 맞아 싸우기로 결심했다. 일설에 의하면 러시아군은 싸울 의사가 없었으나 프랑스 원정군에 따라잡혀서 할 수 없이 전투를 벌였다고 하는데, 이것은 중요한 쟁점은 아니다.

쿠투조프도 마음속으로는 전투를 회피하면서 프랑스 원정군의 진을 빼는 톨리의 전술이 나폴레옹을 상대할 수 있는 유일한 방식이라고 생각했다. 그렇기 때문에 사령관에서 해임된 톨리에게 중앙과 우익을 담당하는 중책을 맡겼다. 만약 나폴레옹이 승부를 서두르지 않고 스몰렌스크에서 다가올 겨울을 나기로 결정했다면 프랑스 원정군은 충분한 휴식을 취하고 보급품과 보충 병력도 지원받아서 전열을 가다듬을 수 있었을 것이다. 그러나 스몰렌스크에서 작은 승리를 챙긴 나폴레옹은 빨리 승부를 내고 싶어 했다.

러시아군은 보로디노에 보루를 여러 군데 쌓아놓고 포진지를 설치해 강력한 방어선을 구축했다. 그런 후 1812년 9월 7일 프랑스 원정군과 일진일퇴의 치열한 공방전을 벌였다. 조국을 지키겠다는 러시아군의 결전의지는 매서웠다. 장군들이 역습부대의 선두에 서기도 했다.

역습부대의 선두에 서서 돌격하다가 머리에 총알을 맞고 전사한 장군도 있었다. 러시아군의 좌익을 지휘하던 표트르 바그라티온Pyotr Bagration 장군은 전투를 독려하다가 큰 부상을 입고 후송되어 결국 전사했다(제2차 세계대전 당시 유럽 동부전선에서 베를린을 점령하기 위해 소련군이 펼친 반격작전은 '바그라티온 작전'으로 명명되었다).

밀고 밀리는 혈전 끝에 러시아군의 방어선이 무너졌고 러시아군이 퇴각하여 보로디노 전투는 프랑스 원정군의 승리로 끝났다. 러시아군의 방어선이 무너지기 시작할 때 나폴레옹에게 여러 원수들이 찾아와서 황제근위대를 추격전에 투입할 것을 강력히 건의했다. 근위대를 투입하는 것은 러시아군을 확실하게 궤멸시켜서 재기불능으로 만들 수 있는 마지막 기회였기 때문이다.

그러나 나폴레옹은 근위부대를 투입하자는 건의를 끝내 받아들이지 않았다. 나폴레옹은 내심 이 정도로 혼내주고 모스크바를 점령하면 러시아 황제가 강화 요청을 할 것이라고 기대했던 것 같다. 머나먼 타국에서 근위부대가 피해를 입어 전투력이 줄어들면 나폴레옹 본인의 안전에 문제가 있을 수 있다는 점도 작용했을 것이다.

그러나 러시아 원정 과정 전체를 놓고 볼 때 바로 이 순간이 스쳐지나가는 천재일우의 기회였다. 이때 나폴레옹이 근위대를 투입해 전과 확대에 나섰다면 러시아군이 완전히 궤멸되어 러시아 황제는 강화협상에 나설 수밖에 없었을 것이기 때문이다.

이 한 번의 스쳐가는 기회를 나폴레옹이 잡았더라면 러시아 원정이 성공했을 것이고 영국도 프랑스와 화해를 모색할 수밖에 없는 상황으로 내몰렸을 것이다.

나폴레옹은 러시아 황제가 강화를 요청할 것이라고 기대했지만 이것은 보로디노에서 완벽한 승리를 거두었을 때만 실현될 수 있는 일이었다. 부하 장군들이 근위대 투입을 요청한 이유는 그대로 전투가 종료되면 전투력이 이미 고갈된 프랑스군이 더 이상 러시아군을 밀어붙이기 어려워질 것이고 지금까지의 공세가 수세로 바뀔 것이라고 우려했기 때문이다. 나폴레옹은 평소와 달리 냉철하지 못했다.

프랑스 원정군이 모스크바에서 철수한 이유

보로디노에서 승리한 프랑스 원정군은 러시아의 수도 모스크바에 당당히 입성하여 러시아 원정이라는 대단원의 막을 내릴 것이고 나폴레옹의 영광도 계속될 것이라고 여겼다. 하지만 나폴레옹은 모스크바에서 4주 만에 철수했다.

나폴레옹은 모스크바에 입성해서 알렉산드르 1세 황제에게 3번이나 강화교섭을 요구했지만 답이 없었다. 프랑스 원정군의 전투력이 바닥났다는 사실을 알고 있는 러시아가 강화교섭에 응할 이유가 없었던 것이다. 프랑스 원정군 병사들은 모스크바에 머무르면서 약탈자가 되었고 군기는 엉망이 되어갔다. 게다가 모스크바에 큰 불이 나서 모스크바는 유령도시가 되어버렸고 식량도 불타버려 식량 부족에 시달리는 전혀 예상하지 못한 사태까지 벌어졌다.

적어도 모스크바를 점령하면 달콤한 휴식이 기다리고 있을 것이고 수도를 점령당한 러시아가 항복할 것이라고 기대했던 프랑스 원정군 장병들은 이제 철수밖에 답이 없다고 생각하게 되었다. 시간을 끌수록 상황은 더 나빠지고 있었다. 나폴레옹은 결국 철수하기로 결정하고 프랑스로 후퇴했다. 엄청난 희생을 치렀지만 아무것도 얻은 것이 없었고 수레에는 병사들이 약탈한 물건이 가득해 행군속도가 너무 느렸지만 버리라고 할 수도 없었다.

러시아군은 카자크 기병대를 동원하여 느린 속도로 후퇴하는 프랑스 원정군을 따라잡고 공격을 감행했다. 하지만 카자크 기병대를 막아야 하는 프랑스 기병대는 이미 붕괴된 상태였다. 식량 부족으로 말을 잡아먹어서 기병이 탈 말조차 없었다. 후퇴하는 과정에서 낙오된 병사들이 성난 러시아 농민들에게 붙잡혀 끓는 물에 얼굴을 처박히는 등 야만적인 고문을 당하거나 죽음을 당하는 일도 많았다. 나폴레옹 자신도 자살용 독약을 휴대하고 다녔을 정도로 처참한 후퇴였다.

나폴레옹의 후퇴는 보로디노에서 이미 결정된 것이었다. 보로디노에서 승리했지만 러시아군을 완전하게 궤멸시키지 못한 데다가 프랑스 원정군의 피해가 심각했고 병력과 탄약을 보충하는 것도 쉽지 않아 프랑스 원정군은 공세 종말점에 이미 도달한 상태였다. 공세 종말점에 이른 프랑스 원정군을 기다리고 있는 것은 러시아군의 매서운 반격이었다.

보로디노에서 거둔 승리는 전술적 승리였을 뿐이다. 전략적인 관점에서는 프랑스군의 패배였다. 가까스로 이겼지만 피해가 너무 컸고 본국으로부터 너무 멀리 와서 병참선도 단절된 상황이었다. 공세를 유지할 수 있는 병력과 탄약을 확보할 수 없었으므로 원정군으로서는 패배한 것이나 다름없었다.

즉흥적인 지시가 파멸을 부른다

기업을 일으킨 창업자는 칭송의 대상이 되어야 마땅하다. 많은 사람에게 일자리를 제공하고 국민소득 수준을 높여 경제를 살찌우기 때문이다.

기업의 덩치가 커지면 새로운 경영기법을 도입하고 생산기술도 혁신해야 한다. 따라서 외부에서 많은 전문가들을 수혈해야 한다. 이때에 이르면 창업자는 혼자서 모든 것을 결정하던 시스템에서 벗어나 전문가들의 판단을 존중하며 경영에 임해야 한다. 그래야 기업이 정상궤도에서 움직이면서 지속가능한 발전을 이룰 수 있다. 만약 창업자가 본인의 직관에 지나치게 의존하면서 전문가들의 의견에 귀를 기울이지 않으면 기업의 미래는 불투명해진다.

PEF(사모펀드)를 운영하면서 크게 성공한 회계사로부터 충격적인 얘기를 들었다. "대한민국에서 구조조정 대상이 된 문제 기업을 구조조정하는 것은 너무나 쉽다. 창업자가 했던 지시들을 목록으로 만들어서 모두 무효화하거나 그 목록과 반대로 하면 된다."

이것은 다소 과장된 표현일 수 있지만 시사하는 바가 크다. 창업자가 전문가의 조언을 받지 않고 직관으로 불쑥불쑥 던지는 즉흥적인 지시가 잘못되었을 때 아랫사람이 직언을 하는 것은 쉽지 않다. 대개의 경우 창업자는 자기 확신이 강하고 자신감이 넘치기 때문에 남의 말에 귀를 기울이기보다는 자기 생각을 주로 얘기한다. 창업자의 눈 밖에 나면 당장 가족의 생계가 막연해지니 아랫사람들은 직언을 하기보다 지시를 이행하게 되는데, 이것이 경영 효율을 갉아먹는다. 이렇게 잘못된 지시들이 누적되면 경영 효율이 한계수준 아래로 낮아지고 기업은 망하는 길로 가게 된다.

전쟁터에서도 지휘관이 전문영역에 해당하는 사안에서 즉흥적으로 잘못된 지시를 내리면 그 전쟁은 질 수밖에 없다. 아우스터리츠 전투에서 러시아의 젊은 황제 알렉산드르 1세는 쿠투조프 장군의 후퇴 건의를 묵살하고 프랑스군과 전투를 벌였다가 대패했다. 히틀러는 제2차 세계대전의 중요한 고비마다 부하 장군들의 올바른 판단과 건의를 무시하고 즉흥적인 지시를 내려 스스로 무덤을 팠다.

총사령관의 건의를 무시한 알렉산드르 1세

1805년 겨울에 있었던 아우스터리츠 전투에서는 러시아의 알렉산드르 1세 황제, 오스트리아의 프란츠 1세 황제, 프랑스의 나폴레옹 1세 황제가 전투 현장에 직접 나와 전투를 지휘했다. 역사상 유례를 찾기 어려운 '3제 회전'이었다. 이 전투에서는 나폴레옹 1세 황제가 러시아-오스트리아 연합군을 상대로 기념비적인 대승을 거두었는데, 이는 나폴레옹이 유럽 전체를 호령하는 출발점이 되었다.

아우스터리츠 전투에서 나폴레옹이 펼친 현란한 전투방식과 기상천외한 기만전술은 오늘날에도 많이 회자되고 있다. 하지만 사실 이 전투에서의 승리는 조금만 잘못되었으면 나폴레옹 황실의 숨통이 끊어질 뻔했던 아슬아슬한 순간에 러시아 황제의 다소 즉흥적인 오판으로 일군 것이었다.

아우스터리츠 전투 당시의 상황을 보면 프랑스군은 본국에서 멀리 원정을 온 데다 추운 겨울이라 병력 보충과 물자 보급에 어려움을 겪고 있었고, 러시아군도 오스트리아로 원정을 와서 역시 보급 상황이 좋지 않았다. 오스트리아군은 울름 전투에서 주력이 프랑스군에 격파되고 와해되어 잔여 병력만 남은 상황이라 별 도움이 되지 않았다.

그러나 어쨌든 러시아-오스트리아 연합군이 상대적으로

병력이 많고 보급 상황도 양호했다. 게다가 프로이센은 러시아, 오스트리아와 동맹을 맺고 프랑스에 대항하기 위해 병력을 동원하여 출동할 준비를 서두르고 있었기 때문에 프랑스로서는 크게 불리한 상황이었다. 만약 프로이센군이 합류하면 프랑스군은 중과부적 상황에 놓이게 되어 후퇴할 수밖에 없었다.

따라서 러시아군 사령관 쿠투조프는 프로이센군이 합류할 때까지 시간을 벌기 위해 알렉산드르 1세에게 작전상 후퇴를 건의했다. 쿠투조프의 후퇴 건의는 싸우지 않고 이기는 전술이어서 매우 합리적이었으나 알렉산드르 1세는 이 건의를 거절했다. 혈기왕성한 청년 황제는 연합군의 숫자가 많고 자신들이 겨울 전투에 익숙하므로 당장 전투를 해도 엉성해 보이는 프랑스군을 이길 수 있다고 자신했다. 프로이센과 승전의 공을 나누기보다 승전의 주역이 되어 본인의 이름을 세상에 떨칠 수 있는 좋은 기회라고 생각했던 것이다.

나폴레옹은 나폴레옹대로 아우스터리츠에서 싸워서 승전을 일구어낼 필요가 있었다. 트라팔가르 해전에서 프랑스 해군이 영국 해군에 패배한 터라 이대로 후퇴하면 오스트리아 원정 실패까지 겹쳐 프랑스 국내에서 자신의 정치적 입지가 좁아지고 국제적으로도 영향력이 축소될 것을 우려했다. 또한 프로이센 군대까지 합류해 적군 병력이 감당하기 어려운 규모로 불어나기 전에 승부를 내야 후환이 없을 것이라는 절박함도 있었다. 그래서 부하 장군들의 후퇴 건의를 무시하고 전투의지를 불태웠다.

나폴레옹은 일부러 프랑스군의 군기가 엉망이고 여기저기 흩어져서 전투태세도 제대로 갖추지 못한 것처럼 연출했다. 러시아-오스트리아 연합군이 자신감을 갖고 공격하도록 유도하는 고도의 기만전술이었다. 나폴레옹의 기만전술에 넘어간 러시아-오스트리아 연합군은 크게 패했다. 프로이센은 출전을 서두르다 러시아-오스트리아 연합군이 아우스터리츠에서 대패하자 꼬리를 내리고 대프랑스동맹에 합류하지 않았다.

알렉산드르 1세는 국제사회 데뷔무대라고 할 수 있는 아우스터리츠에서 젊은 혈기로 고집을 피우다가 나폴레옹에게 쓴맛을 보았지만 평균 수준 이상의 군주로서 러시아의 국제적 위상을 높이는 데 기여했다. 알렉산드르 1세는 산업혁명의 발상지인 영국과의 교류를 중시했는데 영국과 교류하는 것은 러시아의 곡물을 영국에 수출하고 영국의 공산품과 기술을 러시아로 도입하는 윈윈 관계였다.

알렉산드르 1세는 영국과의 교류를 지속하기 위해 나폴레옹의 대륙봉쇄령을 어겼다가 1812년에 나폴레옹의 침공을 받기도 했다. 하지만 뚝심과 인내심을 갖고 장병들을 지휘하여 승리를 일구어냈다. 프랑스군을 물리친 러시아군은 결국 파리에 입성했고, 나폴레옹은 황제자리에서 물러나 엘바섬으로 유배되었다.

게임 체인저 제트전투기를 거부한 히틀러

독일군은 노르망디 상륙작전이 이루어지기 직전에 항공전력이 붕괴되어 제공권을 완전히 상실했다. 제공권이 없는 군사작전은 성공하기 어렵기 때문에 독일군이 패배하는 것은 시간문제였다.

독일군은 영국 롤스로이스사의 엔진을 탑재한 미국산 전투기 P-51 무스탕에 압도되어 제공권을 잃었지만 사실 반전을 이룰 수 있는 카드를 손에 쥐고 있었다. 독일은 1936년에 제트엔진을 발명했고 1939년에는 제트비행기의 시험비행에 성공했다. 제트전투기 개발을 완성하여 양산단계에 들어가면 제공권이 다시 독일 수중으로 들어올 수 있었다.

독일이 개발한 세계 최초의 제트전투기 메서슈미트262Me262는 당시 P-51 무스탕과 같은 프로펠러 비행기가 낼 수 있는 최고 속도보다 시속 200km를 더 낼 수 있었다. 그렇기 때문에 공중전에서 절대적으로 유리한 위치를 차지할 수 있었다. 메서슈미트262를 대량생산해 실전 배치하면 게임 체인저가 될 것이었으므로 독일 공군 지휘부는 희망에 부풀었다.

그런데 이 중차대한 시점에 히틀러가 엉뚱한 지시를 해서 일이 꼬였다. 폭격기에 꽂힌 히틀러가 고속전투기를 개발하지 말고 고속폭격기를 개발하라고 지시한 것이다. 고속폭격기는 폭격 지점에 빨리 도달한다는 장점이 있기는 하지만 안정성이 떨어져 정확하게 폭격하기가 어려워 주객이 전도되는 문제가 있었다.

독일 공군 지휘부는 히틀러의 지시가 너무 엉뚱해서 처음에는 지시를 무시했다. 하지만 히틀러가 집요하게 고속폭격기를 추구하자 결국 메서슈미트262를 고속폭격기로 설계 변경하고 고속전투기는 일부만 생산하는 선으로 물러났다. 이로써 제공권 탈환의 꿈은 무산되고 말았다. 독일군은 연합군의 노르망디 상륙작전을 저지할 공군력도 없었고 동부전선에서 소련군의 베를린 점령 작전(바그라티온 작전)을 저지하는 것도 불가능했다.

히틀러는 알려진 대로 전쟁의 중요한 고비에서 근거가 부족하고 전문성이 떨어지는 즉흥적인 지시를 내리는 착오를 여러 번 범했다. 주요 사례들을 간략히 요약하여 제시하면 아래와 같다.

1940년 프랑스 침공 당시 독일군 기갑부대는 독 안에 든 쥐 신세가 된 영국군을 섬멸하기 위해 기세 좋게 돌진하고 있었다. 그런데 히틀러가 갑자기 진격중지 명령을 내렸다. 이로 인해 30만 명에 달하는 영국군 정예부대가 포위된 상태에서 덩케르크 항구를 통해 무사히 철수하는 어이없는 상황이 연출되었다. 이때 영국군 30만 명을 격멸했으면 영국의 전쟁 수행의지를 초반에 꺾어놓았을 것이고, 이 병력이 나중에 노르망디에 상륙하는 것을 원천 봉쇄할 수 있었을 것이다.

1942년 독일군은 고질적인 연료 부족 문제를 해결하기 위해 캅카스 유전지대를 확보하고자 했다. 그런데 히틀러는 캅카스 유전지대 확보를 목표로 진격하고 있던 남부집단군을 갑자기 둘로 나눈 뒤 정예부대인 제6군과 제4기갑군을 스탈린그라드로 보냈는데, 이것도 히틀러의 대표적인 실책이다.

당시 히틀러는 스탈린그라드 점령이 불필요하다고 주장하는 프란츠 할더 육군참모총장을 해임하면서까지 스탈린그라드에 집착했지만 결과는 참혹한 패배로 끝났다.

스탈린그라드에서의 패배는 동부전선에서 독일군이 몰락하는 시발점이 되었고, 캅카스 유전지대도 공격역량이 부족하여 결국 확보하지 못했다. 두 마리 토끼를 잡으려다 둘 다 놓쳐버린 격이 되었다.

1942년 11월에 독일 제6군 병력이 스탈린그라드에서 포위되자 파울루스 사령관은 강행 돌파하여 후퇴할 것을 요청했다. 하지만 히틀러는 현 위치에서 싸울 것을 명령했다. 이로써 제6군은 탈출의 기회를 잃고 모두 포로가 되었다. 이 사건은 독일군의 사기를 크게 떨어트렸다.

동부전선에서의 마지막 반전기회였다고 할 수 있는 1943년의 쿠르스크 전투에서도 히틀러는 또 즉흥적인 지시를 내려 일을 그르쳤다. 군사천재 만슈타인 원수의 공격 개시 건의를 묵살하고 2개월을 기다리라고 명령하는 바람에 소련군에 방어태세를 갖출 시간을 벌어주었던 것이다.

당시 히틀러는 신형 티거전차의 막강한 성능에 매료되어 티거전차를 충분히 확보한 뒤 공격하라고 지시했는데, 이는 일견 합리적인 지시 같아 보이지만 소련군이 뒷짐 지고 구경하고 있을 때만 유효한 지시이다. 소련군은 민간인 여성들까지 동원해 티거전차가 건널 수 없는 깊은 도랑을 파서 티거전차의 발을 묶어버렸다.

1944년 노르망디에 연합군이 상륙한 해 겨울에는 독일군이 아르덴숲으로 기갑부대를 보내 역습을 시도했지만 성과 없이 끝났다. 이로써 독일군은 귀중한 전차와 연료, 탄약을 낭비하고 정예 병력을 잃었으며, 강화협상의 여지마저 스스로 허공에 날렸다. 강화협상은 적을 위협할 만한 전투력이 남아 있을 때나 가능한 것이다. 독일군이 전투력을 보존하면서 끈질긴 수비로 연합군의 희생을 강요했다면 강화협상의 여지가 있었겠지만 독일군은 전투력이 고갈되면서 무조건 항복의 길만 남은 상황이었다.

이 점을 감안해서 독일군 장군들은 아르덴숲 돌파 작전이 성공할 수 없고 귀중한 전투력만 소모할 것이라고 강력히 반대했다. 하지만 히틀러는 이길 수 있는 작전이라고 우기면서 강행했고, 결국 회복 불가능한 막다른 상황으로 몰렸다.

네 원수의 즉흥적인 기병돌격

워털루 전투에서 프랑스군 총사령관으로 임명된 네 원수는 영국군 포병진지를 바라보고 있다가 한 가지 번뜩이는 아이디어가 떠올랐다. 기병부대를 기습적으로 돌격시켜서 영국군 포병진지를 점령하면 전투를 쉽게 이길 것이라는 생각이었다. 기병에서 잔뼈가 굵은 네 원수다운 발상이었다.

네 원수는 참모들의 의견을 물어보지도 않고 간단한 작전계획조차 수립하지 않은 채 직접 기병부대를 몰아 영국군 포병진지로 내달았다. 당황한 영국군 포병들이 돌진해 오는 프랑스 기병대를 향해 포탄을 퍼부었고 많은 프랑스 기병들이 전사했지만 네 원수는 목표한 대로 영국군 포병진지를 프랑스군 수중에 넣었다. 하지만 승리의 환호는 잠깐이었다. 기병이 돌격할 때에는 반드시 보병부대가 후속해서 엄호를 해야 했는데 급하게 서두르다 보니 보병부대와 함께 오는 것을 깜빡했던 것이다. 기병 출신인 네 원수의 한계였다. 프랑스 기병대는 영국군의 역습을 받았고, 아무런 소득 없이 아까운 정예 기병들만 희생한 채 물러날 수밖에 없었다.

이 돌격 실패는 해프닝같이 보이지만 워털루 전투의 전체적인 흐름을 볼 때 아쉬움이 큰 실책이었다. 매서운 한 방이 필요한 시점에 한 방이 부족하여 마지막 난관을 돌파하지 못하는 상황이 연출되었던 것이다.

이후 네 원수가 분전하여 영국군 방어선 돌파를 목전에 두고 있었을 때 네 원수는 나폴레옹에게 보병부대를 추가로 보내달라고 간청했다. 하지만 나폴레옹이 이를 거절하여 승전의 기회를 놓쳤다. 이전 전투에서 네 원수가 포병진지로 기병을 돌격하지 않았다면 기병 운용에 여유가 있어서 보병부대의 지원이 없더라도 중앙 돌파에 성공하고 전투를 종결지을 수 있었을 것이다. 군사천재인 나폴레옹이 네 원수의 기병돌격 실패를 보고 격분했던 데에는 다 이유가 있었다.

네 원수는 포병진지로 돌격하는 아이디어가 떠올랐을 때 바로 실행에 옮기지 말고 참모들과 차분하게 작전계획을 논의했어야 했다. 그랬더라면 보병부대를 대동했을 것이고 빛나는 승리의 주역이 되었을 것이다. 즉흥적인 아이디어가 신의 한 수가 될 수도 있었지만 너무 서두른 것이 네 원수의 발

목을 잡고 말았다.

즉흥적인 아이디어는 반드시 검증 과정이 필요하다. 왜 다른 사람들은 생각해 내지 못했는지, 왜 채택되지 않았는지, 실행 과정에서 어떤 요소를 고려해야 하는지 합리적으로 의심하고 고민해야 큰 실수를 피할 수 있다.

네 원수는 기병대식의 사고방식과 관점에 매몰되어 있었고 기병장교로서의 자부심이 워낙 강해 아집에 가까운 확신을 갖고 있었다. 이로 인해 검증 과정을 고려하지 못했다고 보아야 한다.

제3부

승리 그 이후

지속 가능한 성공을 위한 지혜

이기는 것보다 이긴 다음을 생각해야 한다

'상처뿐인 영광'이라는 말이 있다. 노력 끝에 무언가를 얻긴 했으나 잃은 것이 더 많은 경우에 쓰는 말이다. 얻은 것보다 잃은 것이 많다면 시작하지 않는 게 나을 텐데 시작하기 전에 더 깊이 생각하지 않아서 후회할 일을 만든 것이다.

어떤 일을 추진하기 전에는 그 일이 성공했을 때 무엇을 얻을 수 있는지 곰곰이 생각해 보아야 한다. 건설회사가 대규모 프로젝트의 경쟁 입찰에 참여했다고 하자. 여러 라이벌 회사가 치열한 경쟁과 눈치싸움을 벌일 것이다. 이 경쟁 입찰에서는 가장 낮은 가격을 써낸 건설회사가 낙찰된다고 할 때 과연 가격을 얼마로 쓰면 승자가 될 것인가?

프로젝트에 투입되는 인력과 장비, 원자재 등을 계산해서 적어도 총 비용 이상의 가격을 쓰는 것이 합리적인 행태이다.

그러나 극단적으로 승리만을 목적으로 0을 써낸다면 100% 계약을 딸 수는 있을 것이다. 그렇게 계약을 따낸 다음에는 무엇이 기다릴까? 들어오는 것은 없이 나가는 것만 있으니 회사의 자금사정이 어려워질 것이고 수익성도 떨어질 것이다. 직원들 급여를 주기도 힘겨워질 것이다. 그러다 보면 우수한 인력이 경쟁회사로 떠날 것이고 회사는 존폐의 기로에 설 것이다. 이런 승리는 패배만도 못하다.

조직에서 많은 선배와 동료들을 물리치고 요직에 앉은 경우를 상상해 보자. 당장은 많은 것을 얻은 듯 여겨질 것이다. 하지만 시간이 흐르면서 선배들과 동료들의 집중견제를 받아 결과적으로 조직을 떠나야 한다면 요직에 일찍 앉은 것을 승리가 아니라 뼈아픈 패배로 보아야 할 것이다.

역사를 보면 분명히 전투에서 승리를 거두었지만 그 승리의 대가가 너무 커서 패배한 것과 같거나 패배보다 못한 결과를 초래한 경우가 적지 않다. 신중함이 부족했거나, 완벽한 승리를 얻는 데 실패했기 때문이다.

산타크루즈 해전

1942년 6월 일본 해군은 미드웨이 해전에서 한 수 아래로 보았던 미국 해군에 의외의 일격을 당해 항공모함 4척을 잃는 대패를 당했다. 그 후 일본 해군은 설욕의 기회를 벼르고 있었다.

1942년 10월 과달카날섬에서는 일본 육군과 미국 해병대 간에 치열한 전투가 벌어지고 있었는데, 일본 해군은 과달카날섬을 확보하려면 미국 해군의 항공모함을 격침해야 한다고 판단하고 먼저 싸움을 걸었다. 일본 해군이 항공모함 함재기를 동원하여 과달카날섬의 핸더슨 비행장을 폭격하자 산타크루즈제도에서 항공모함 전투단끼리 다시 한판 승부가 벌어졌다.

산타크루즈 해전은 일본 해군이 미드웨이에서 손실을 입었음에도 불구하고 여전히 전력상 우위를 차지하고 있는 상황에서 벌어졌다. 이 해전에서 미국 해군은 항공모함 1척을 잃었고 1척은 반파되었다. 그리하여 태평양 전선에는 멀쩡한 항공모함이 단 1척도 없는 궁지에 몰리게 되었다.

일본 해군은 항공모함 2척이 반파되어 결과적으로 승리를 거두었다. 게다가 일본은 태평양 전선에 3척의 멀쩡한 항공모함을 여전히 보유하고 있어서 언뜻 보면 미국 해군이 절체절명의 위기에 내몰린 듯했다.

그러나 내막을 들여다보면 위기로 내몰린 것은 미국 해군이 아니라 일본 해군이었다. 항공모함 전술을 구사하려면 항공모함도 중요하지만 좁은 항공모함 갑판에서 이착륙할 수 있는 숙련된 조종사와 피해 복구에 능숙한 정비인력이 반드시 필요하다. 그런데 일본은 미드웨이 해전에서 많은 베테랑 조종사를 잃었다. 게다가 항공모함의 구조적 결함으로 기름 증기가 밖으로 배출되지 못하고 갑판 밑에서 폭발하는 바람에 숙련된 기술자도 폭사한 상황이었다.

한편 미국 해군의 함정들은 신형 40mm 보포스 쌍열포를 장착하여 대공화력을 강화했는데, 산타크루즈 해전에서는 이들 해군 함정이 많은 일본 함재기를 격추시켰다. 이로 인해 일본은 산호해 해전과 미드웨이 해전을 거치면서도 살아남았던 베테랑 조종사들을 거의 모두 잃었다.

따라서 일본 해군은 항공모함은 있었지만 항공모함 전투를 수행할 숙련된 조종사와 정비 기술자가 크게 부족했다. 만약 이때 일본 해군에 조종사와 정비인력 풀이 넉넉했다면 태평양 전쟁의 판도가 크게 달라졌을 것이다. 그리고 미국 본토의 해안지역도 위기에 빠졌을 수 있다.

베테랑 조종사와 정비인력이 턱없이 부족해진 일본 해군은 항공모함 전투단을 재건하는 데 1년 6개월 이상의 시일이 소요되었다. 문제는 이 1년 6개월 동안 미국 해군도 항공모함 건조, 함재기 성능 개선, 조종사와 정비인력 양성을 위한 시간을 벌 수 있었다는 것이다.

1년 6개월이 지난 1944년 6월 치러진 마리아나 해전에서는 다시 양쪽의 항공모함 전투단이 격돌했다. 그 결과는 일본 해군의 처참한 패배였다. 특히 공중전에서 미군 항공기 1대가 격추될 때 일본 항공기 10대 이상이 격추되었다. 미군 조종사들 사이에서는 너무 쉽게 이긴 공중전이라는 뜻으로 "마리아나의 칠면조 사냥Mariana's Turkey Shoot"이라고 말이 오갈 정도였다.

성능이 월등하게 개선된 함재기를 숙련된 조종사가 조종하는 미국 해군 항공대와 성능이 제자리인 함재기를 미숙련 조종사가 조종하는 일본 해군 항공대가 맞붙은 데 따른 당연한 결과였다. 산업기술과 생산능력, 조종사 양성체계에서 압도적인 위치에 있던 미국은 시간이 갈수록 유리해졌고 일본은 시간이 갈수록 불리해졌기 때문이다.

결국 산타크루즈 해전에서는 일본 해군이 승리를 거두었지만 함재기 조종사들을 다수 잃어 항공모함 전투를 수행할 능력을 상실했고, 이에 따라 일본 해군과 미국 해군이 동시에 '항공모함 전투단 재건'이라는 동일한 출발선에 서게 되었다.

이는 태평양 전쟁 개전 초기에 압도적 우위를 차지했던 일본 해군이 더 이상 해전을 주도할 능력이 없어졌을 뿐만 아니라 미국 해군의 적수가 될 수도 없어졌음을 의미하는 것이었다. 일본 해군은 산타크루즈 해전에서 이겼지만 손실이 너무 커서 '상처뿐인 영광'을 안게 되었다.

일본은 과달카날섬을 얻기 위해 산타크루즈 해전을 기획해서 승리했지만 과달카날섬을 확보하는 데 실패했고 해군력 우위까지 상실했다. 일본 육군 지휘부는 과달카날섬에 상륙한 미국 해병 제1사단의 병력과 전투력을 과소평가해서 필요한 규모의 병력과 화력을 동원하지 못했다. 또한 육군과 해군이 서로 협조하여 전투를 수행하는 데에도 미숙해서 일본 해군 전함의 막강한 화력을 지상전투에 효과적으로 사용하지 못했다.

가장 중요한 패인은 일본의 지휘관들이 착검 돌격하는 러일전쟁 시절의 구닥다리 전술에서 탈피하지 못한 채 정신력만 앞세우며 미국 해병대의 중기관총 앞으로 병사들을 몰아넣었기 때문이다.

돌이켜 보면 일본 해군은 항공모함 전투를 기획하는 대신 일본 해군 전함과 순양함의 포격능력을 과달카날섬에서 전투 중인 일본 육군을 지원하는 데 사용하는 방안을 강구했어야 했다. 그랬더라면 일본 육군이 과달카날섬에서 화력의 열세를 극복하고 보다 효과적으로 전투를 수행할 수 있었을 것이고, 항공모함 전투단의 전투능력도 훗날을 위해 보존·발전시킬 수 있었을 것이다.

북방 유목민족들의 중국 정복 전쟁

중국 역사에서 한족이 아닌 북방 유목민족이 한족을 정복하고 통일왕조를 세웠던 적은 세 번 있었다. 선비족이 세운 당나라, 몽골족이 세운 원나라, 만주족이 세운 청나라가 그 범주에 속한다.

세 북방 유목민족 가운데 현재 자신의 민족국가를 유지하고 있는 민족은 몽골이 유일하다. 선비족과 만주족은 한족에게 동화되어 언어도 사라졌고 독자적인 영토나 집단거주 자치구역도 없는 상태이다. 몽골은 두 집단으로 분할되어 독립주권국가인 외몽고와 중국 내 소수민족 집단인 내몽고를 이루고 있다.

정복전쟁에서 승리하여 한족을 지배했지만 결국 한족에 동화되어 고유문화, 언어, 그리고 거주 지역을 잃었다면 과연 그 정복전쟁이 어떤 의미가 있을까?

한족을 지배하다가 한족에 동화되어 소수 구성원으로 살게 되고 독자적인 거주지역도 잃게 될 것이라면 정복전쟁을 할 것이 아니라 독자적인 민족국가를 형성하고 발전시키는 게 더 나은 선택일 것이다. 왜냐하면 소수 구성원으로 사는 것이 독자적인 민족국가를 이루고 사는 것보다 정치적으로나 경제적으로 더 좋은 선택이라고 볼 이유가 없기 때문이다.

세 북방 유목민족의 지도자들은 전투력이 강한 소수의 전사들을 이끌고 한족과의 전투에서 승리하여 한족을 지배했다. 하지만 후손들은 더 이상 강력한 전사가 되기를 원하지 않고 편안함을 추구하면서 한족의 문화생활에 동화되었다. 이로 인해 군대의 지휘관이 한족 위주가 되었고 결국 주도권을 상실해 쫓겨나거나 남아서 한족의 지배를 받아야 했다.

몽골은 적절한 시점에 중국을 떠나 여전히 몽골 민족의 일부가 남아서 살고 있던 고향 땅으로 돌아갔기 때문에 그나마 정체성을 유지할 수 있었다.

만주족의 경우 만주족이 만주를 떠나 모두 중원 한족의 땅으로 이주하여 중국 곳곳에서 새로운 지배층을 구성하면서 살다가 그대로 한족에 동화되었기 때문에 고향 땅으로 돌아가기도 마땅치 않았다. 청나라가 망하고 만주국이 세워졌지만 만주국 정부는 일본이 세운 꼭두각시 정권이어서 아무런 의미가 없었다.

북방 유목민족들은 중국을 정복하는 전쟁에서 승리했지만 승리한 다음에 전개될 상황에 대해 예측과 대비를 하지 않았거나 예측을 잘못했다. 그리하여 결국 정복전쟁을 일으키지 않은 것보다 못한 상황이 되었다. 이 또한 '상처뿐인 영광'이라고 할 수 있다.

피로스의 승리

서양에서는 전투에 승리했지만 전투의 궁극적인 목표를 달성하지 못할 경우 '피로스의 승리Phrrhic Victory'라고 표현한다.

그리스 에페이로스의 왕 피로스 1세는 기원전 280년에 이탈리아 반도로 원정을 떠나 로마군을 여러 차례에 걸쳐 격파하고 승리를 거두었다. 그러나 전투를 치르면서 피로스 왕도 많은 군사를 잃어 더 이상 전투를 계속할 수 없게 되었다. 그러자 결국 이탈리아 반도에서 철수하고 말았다. 군사만 대거 잃고 아무것도 얻지 못한 채 빈손으로 귀국했던 것이다.

피로스 1세가 이탈리아 원정을 준비하고 있을 때 한 신하가 피로스 1세에게 이탈리아 반도에는 왜 가는가, 로마 정복 다음에는 무엇을 할 것인가, 승리한 다음에는 무엇을 할 생각인가 등을 꼬치꼬치 물었다. 이런 식의 대화가 이어지다 마지막에 피로스 1세가 "모든 것이 다 끝나면 편하게 쉬어야지"라고 답하자 신하가 "지금도 충분히 편하게 지내시는데 왜 그런 고생을 사서 하십니까?"라고 물었다고 한다.

피로스 1세는 이탈리아로 원정을 떠나는 모험을 하면서도 전투 손실을 보충하고 병력 규모를 유지할 수 있는 방안을 확보하지 못했다. 게다가 카르타고가 지배하고 있던 시칠리아에도 관심을 보여 카르타고까지 적으로 돌리는 전략적 실수를 저질렀다. 이에 따라 전투를 계속할 수 없는 상황으로 몰렸다. 한 마디로 의욕만 앞세우고 실행 가능성과 추구하는 목표는 확실하게 파악하지 않은 채 무작정 덤벼들었던 것이다.

피로스의 승리로 분류되는 대표적인 전투로는 1879년 남아프리카의 줄루족과 영국군 사이에 있었던 이산들와나 전투를 들 수 있다. 이 전투는 소총과 대포로 무장한 영국군을 상대로 줄루족이 승리를 거두었는데, 줄루족이 영국군의 화망을 맨몸으로 뚫고 들어가 많은 희생을 치르면서 얻어낸 승리였다. 미개인 나라의 군대가 창과 활을 들고 싸워 화포로 무장한 유럽 최강의 육군을 물리치는 기염을 토한 것이다. 그러나 영국군의 대포와 소총 사격으로 인해 줄루족에서도 엄청난 사상자가 발생했고 이어지는 전투에서 계속 패하면서 결국 줄루왕국은 멸망했다.

1812년 9월 나폴레옹의 프랑스군이 러시아 보로디노에서 거둔 승리 역시 피로스의 승리라 할 수 있다. 당시 나폴레옹은 모스크바를 점령하기 위해 러시아를 침략했으나 러시아는 계속 전투를 회피하고 후퇴했다. 이로 인해 러시아는 프랑스군 장병의 탈영, 낙오, 질병 등 비전투 손실을 유발하는 성과를 어느 정도 거두었다. 그러다가 수도 모스크바를 싸워보지도 않고 내어줄 수 없다는 명분론에 밀려서 러시아군은 보로디노에서 프랑스군과 결전을 벌였다.

격렬한 전투 끝에 프랑스군은 승리를 거두었고 모스크바에 당당히 입성했다. 하지만 프랑스군의 손실도 막대했기 때문에 더 이상 전투를 수행하기 어려웠다. 그런데 나폴레옹의 기대와 달리 수도를 빼앗긴 러시아가 항복을 거부하고 항전의 지를 불태웠다. 그러자 나폴레옹은 모스크바에서 철수하여 퇴각할 수밖에 없었다. 보로디노에서 나폴레옹이 거둔 승리 또한 피로스의 승리였던 것이다.

성공한 전략도 반복하면 독이 된다

하나의 새로운 전략을 개발해서 현실에 적용한 뒤 성공을 거두고 나면 계속해서 그 전략을 사용하고 싶어진다. 그러나 새로운 전략도 한 번 사용하고 나면 더 이상 새로운 전략이 아니다. 상대방이 있는 게임 상황이라면 상대방도 새로운 전략에 대해 어느 정도 파악하고 필요한 대응을 하기 마련이다. 따라서 같은 전략을 반복해서 사용하면 성공확률이 낮아지고 성공하더라도 효과가 줄어든다. 만일 상대방이 전략을 완벽하게 파악하면 역이용당할 가능성이 커지므로 더욱 신중해야 한다.

현대사회는 기술혁신과 사회변화의 속도가 빠르기 때문에 오늘의 성공이 내일의 성공을 보장하지 않는다. 늘 긴장하고 촉각을 곤두세우고 경제적·사회적·기술적 변화를 파악하면서 변화된 환경에 맞는 최선의 전략과 전술을 강구해야 한다.

2016년 3월 알파고라는 인공지능과 바둑천재 이세돌 9단이 대국을 벌여서 세계적인 관심이 집중된 적이 있다. 다섯 번의 경기 결과 알파고가 4 대 1로 승리했다. 알파고는 이세돌 9단의 대국 기록들을 포함해 방대한 양의 과거 대국 기록을 학습하면서 바둑 실력을 늘렸다. 그 과정에서 과거에 쓰였던 바둑 전략과 전술을 체계적으로 이해하고 대응수단을 마련했기 때문에 기존의 바둑 전략과 전술을 구사하는 이세돌 9단을 물리칠 수 있었다. 이세돌 9단이 정석이 아닌 변칙적인 전략과 전술을 폈더라면 알파고를 혼란에 빠트리고 승리했을 것이다.

전장에서 아군의 전략이 적군에 노출되는 것은 큰 재앙이다. 이것은 아군 포병대가 적진지에 포탄을 퍼붓다가 위치가 노출되어 적군의 대對포병 사격으로 재기 불능의 피해를 입는 것에 비유할 수 있다. 포병부대는 일정한 양의 포탄을 발사한 후에는 진지를 옮겨 포사격 장소를 바꾼다. 적군의 대포병 사격을 피하기 위해서이다. 한 곳에서 계속 포사격을 하면 적군이 탄도 추적을 통해 아군 포병의 위치를 파악할 수 있기 때문이다.

진지를 쉽게 옮기기 위해 고안해 낸 대포가 자주포이다. 자주포는 탱크와 같이 스스로 이동할 수 있으므로 신속하게 진지를 바꿀 수 있다. 한국군이 자랑하는 K9 자주포는 이동속도가 빠를 뿐 아니라 이동 후 별도의 고정 작업 없이 즉시 포사격을 재개할 수 있어서 세계적인 베스트셀러가 되었다.

같은 곳에 오래 머무르면 안 되고 같은 전략을 오래 쓰면 안 된다. 같은 전략을 여러 번 쓰면 전략이 제대로 작동하지 않을 수도 있고 상대방에게 전략이 간파되어 역공을 당할 수도 있다.

아르덴숲으로 두 번 나간 히틀러

1940년 5월 독일군은 전격적으로 아르덴숲에 기갑부대를 투입하여 프랑스군과 연합군을 공격했다. 독일군은 방어선을 돌파한 후 신속한 기동으로 거대한 포위망을 형성해 프랑스군과 연합군을 가두고 압박했다. 영국군 주력은 덩케르크에서 본국으로 철수했고 프랑스군은 항복했다.

이 놀라운 군사적 성공은 독일군 내부는 물론 히틀러 자신에게도 기대 이상의 성과였다. 작전 수행 전까지만 해도 이 과감한 기갑부대 기동작전에 대해 위험한 도박이라고 생각하는 사람이 대부분이었다. 게다가 한번 해볼 만하다고 여겼던 사람들에게조차도 이것은 믿기 어려운 성취였다. 이 아르덴 돌파 작전을 기획한 사람은 군사천재 만슈타인 장군이었다.

그런데 독 안의 든 쥐 신세인 영국군 주력을 섬멸하기 위해 돌진하던 독일군 기갑부대에 히틀러가 갑자기 진격중지 명령을 내렸다. 전투 상황에 맞지 않는 잘못된 명령을 내린 이유는 상황이 너무나 신속하게 전개되자 기갑부대와 보병부대 사이의 간격이 크게 벌어지는 것이 우려스러웠고 연합군이 반격할 가능성도 내심 걱정되었기 때문이다.

이 공격중지 명령은 영국군이 철수할 수 있는 시간을 벌어주었으므로 영국군에는 천운에 해당했다. 하지만 독일군 입장에서 보면 영국의 전쟁 의지를 초반에 꺾을 수 있는 좋은 기회를 날린 셈이었다. 당시 영국군은 덩케르크에서 30만 명이 넘는 대병력이 영국으로 철수하는 데 성공했다. 프랑스에 원정한 영국군은 최고의 정예부대였기 때문에 덩케르크에서 이 정예부대가 섬멸되었다면 영국의 전쟁 수행능력은 불가피하게 큰 타격을 입었을 것이다.

그리고 4년이 지난 1944년 6월, 연합군은 노르망디에 상륙해서 파리를 해방시켰다. 그 후 연합군이 독일 국경을 향해 다가오자 히틀러는 후퇴만 할 게 아니라 대규모 반격으로 연합군을 몰아내겠다는 비현실적인 작전을 구상했다. 연합군을 밀어내고 앤트워프 항구를 점령하면 보급선이 끊긴 연합군이 철수할 수밖에 없을 것이라는 계산이었다. 아닌 게 아니라 연합군은 보급 문제로 애로를 겪고 있었다.

독일군 장군들은 히틀러의 구상에 반대했다. 인적 자원과 물적 자원이 부족해 방어에 급급한 상황이라서 대규모 공격을 할 여력이 없었기 때문이다. 하지만 히틀러는 프랑스 침공 때 아르덴 돌파가 낳은 군사적 대성공을 반복할 수 있다고 생각했다. 한 번 통한 전략이더라도 상황이 바뀌면 다른 시각에서 보아야 하는데 히틀러는 결국 독일의 패망을 앞당기는 악수를 두고 말았다.

독일군은 아르덴숲으로 다시 진출하는 바람에 아까운 병력과 장비, 탄약과 연료를 대량 소모했다. 그리하여 끈질긴 수비를 통해 연합군의 희생을 강요하다 보면 얻을 수 있었을지도 모르는 강화협상의 기회마저 날렸다. 설사 아르덴 돌파 작전이 성공했더라도 종심 깊게 전진해 들어오던 연합군이 재정비해서 반격할 경우 독일군이 다시 열세에 몰리는 것은 시간문제였다. 프랑스가 침공했던 제1차 아르덴 돌파 작전 때 독일이 상대를 섬멸할 수 있었던 것은 제공권이 독일군에 있었고, 연합군이 마지노선을 중심으로 선방어를 하고 있었으며, 종심이 깊지 않아서 포위 기동이 가능했기 때문이다.

제2차 아르덴 돌파 작전 때는 연합군이 선방어를 하는 게 아니라 공격 대형으로 포진해서 전진해 오고 있었고 연합군의 증원 병력도 계속 도착하는 상황이었다. 연합군 진영을 돌파하여 앤트워프를 점령하는 것도 불가능했지만, 앤트워프를 점령한다 해도 제공권을 장악하고 있는 연합군의 역습을 감당해 내는 것은 무리였다.

독일군은 주요 전투를 수행할 때 기갑부대의 기동력을 중시하는 작전에 주로 의존했다. 따라서 프랑스 침공 작전 때 기갑부대가 맹활약했던 신화를 히틀러가 쉽게 잊지 못했을 것이라는 점은 이해가 간다. 그러나 히틀러는 제공권이라는 중요한 작전요소에 변화가 발생했고 연합군의 배치 상황도 변화되었다는 사실을 가볍게 보았다. 아르덴숲의 겨울 안개가 제공권 문제를 잠시 해결해 줄 것임을 고려한 작전이긴 했지만 연합군을 궤멸할 시간을 확보하기는 어려웠다.

히틀러가 아집과 독선으로 작전을 밀어붙임으로써 마지막 카드인 강화협상의 기회마저 날려버렸던 것이다.

나폴레옹의 전략을 간파한 블뤼허

주지하다시피 워털루 전투에서 블뤼허는 나폴레옹을 상대로 승리를 거두었는데, 여기서는 블뤼허가 나폴레옹의 전술을 베껴 썼다는 측면보다는 나폴레옹이 동일한 기만전술을 반복해서 사용하다 보니 블뤼허가 더 이상 속지 않고 역이용했다는 측면을 조명하고자 한다.

1815년 6월 치러진 워털루 전투에서 나폴레옹은 본인의 창작품이자 많은 승리를 가져다주었던 중앙배치전략을 다시 들고 나왔다. 마침 영국군과 프로이센군이 합류하기 전이라 서로 멀리 떨어져 있었으므로 프랑스군은 자연스럽게 각개격파할 기회를 가질 수 있었다. 나폴레옹은 주력을 이끌고 리니에서 프로이센군을 맞아 승리를 거두었다.

프랑스군은 이기기는 했지만 신속한 추격으로 전과를 확대하는 데에는 실패했다. 덕분에 프로이센군은 일단 후퇴하면서 병력을 수습하고 전열을 가다듬을 수 있었다. 평소답지 않게 추격 기회를 놓친 나폴레옹은 뒤늦게 그루시 원수에게 프랑스군 전투력의 1/3에 해당하는 3만 3000명의 병력을 주면서 프로이센군을 추격하여 섬멸하도록 했다.

리니 전투 과정에서 부상을 입은 프로이센군 사령관 블뤼허 장군은 낙오되어 농가에서 상처에 마늘을 문지르며 맥주를 마시고 있다가 프로이센 군인들에게 발견되었다. 블뤼허가 전사했다고 판단한 프로이센군 부사령관 그나이제나우 장군은 영국군과의 합류를 포기하고 총퇴각을 명령했던 차였다.

그러나 나폴레옹을 상대로 여러 전투에 참가했던 블뤼허는 나폴레옹의 중앙배치전략을 이미 파악하고 있어서 나폴레옹의 '분리 후 각개격파전략'에 더 이상 속지 않았다. 블뤼허는 추격하는 그루시를 따돌려 전투를 회피하는 한편 프로이센군에 워털루로 진격하여 영국군과 신속히 합류하도록 명령을 내렸다. 나폴레옹의 작전 의도를 간파하고 나폴레옹의 의도와 반대로 움직였던 것이다.

블뤼허가 대군을 휘몰아 워털루에 들어올 때 대병력이 행군하며 만들어낸 먼지구름이 이는 것을 보면서 나폴레옹은 그루시의 군대가 워털루로 돌아오는 것이라 생각하고 크게 반가워했다. 그러나 망원경으로 자세히 들여다보자 흙먼지 바람 속에서 프로이센 깃발이 휘날리는 것을 보고 "그루시는 어디에 있는 거야?"라고 외치며 당황했다고 한다.

프로이센 군대가 들이닥치면서 프랑스군의 측면을 강타하자 프랑스군 진영이 와르르 무너져 내리면서 워털루 전투의 승부가 결정되었다. 블뤼허는 절체절명의 위기에 처한 영국군을 구원하고 워털루 전투를 승리로 이끄는 데 결정적인 역할을 했다. 영국군은 프로이센군이 조금만 늦게 도착했어도 백기를 들고 항복해야 했을 정도로 궁지로 몰리고 있었다.

워털루 전투가 끝난 후 블뤼허 원수가 런던을 방문했을 때 블뤼허는 영국인들의 열렬한 환영을 받았다. 증기기관차를 발명한 조지 스티븐슨은 최초로 완성한 증기기관차의 이름을 블뤼허로 명명하기도 했다. 블뤼허 원수가 영국인들로부터 얼마나 큰 존경과 사랑을 받았는지 잘 알 수 있는 사례이다.

칸나이 전투와 자마 전투의 한니발

또한 로마 장군 스키피오는 자마 전투에서 뛰어난 전술가 한니발과 맞붙어 압승했는데, 여기서는 자마 전투에서 스키피오가 한니발의 용병전술과 기병전술을 베껴서 사용한 측면보다 한니발이 칸나이 전투에서 사용해서 이미 잘 알려진 전술을 아무런 변화 없이 그대로 써서 실패한 측면을 조명하고자 한다.

카르타고의 명장 한니발은 BC 216년 칸나이 전투에서 로마군을 상대로 대승을 거두었다. 이 전투의 승리 자체는 전술적으로 큰 의미가 있었다. 그러나 전략적으로는 의문부호를 남겼다. 칸나이에서 자행한 로마군 대학살은 로마 시민들의 적대감을 크게 자극하여 강화협상의 여지를 없앴다. 로마는 카르타고와의 전투를 회피하면서 로마를 굳게 지켰고 이는 로마를 굴복시키겠다는 한니발의 계획에 큰 차질을 불러왔다.

한니발은 이탈리아 반도에서 로마를 고립시키기 위해 외교활동을 펼쳤지만 지지부진했다. 한니발이 이탈리아 반도에서 허송세월하고 있을 때 스키피오가 이끄는 로마군이 카르타고에 기습 상륙했다. BC 202년 자마에서 14년 만에 다시 맞붙은 로마군과 카르타고군의 전투에서 한니발은 칸나이 전투와 동일한 전술, 즉 기병대를 양 날개에 배치하는 전략을 들고 나왔다. 스키피오는 한니발이 동일한 전술을 들고 나올 것이라 예상하고 한니발을 격파할 대책을 미리 마련했다.

스키피오는 누미디아로부터 용병 1만 명을 지원받았는데 기병이 4000명, 보병이 6000명이었다. 스키피오는 누미디아 기병 4000명을 양 날개에 배치해 한니발 편에 선 누미디아 기병 2000명을 압도시켰다. 한니발이 칸나이 전투에서 거둔 성공 신화에 매몰되어 스키피오가 놓은 덫으로 스스로 걸어 들어간 모양새였다. 한니발이 양익 포위 작전보다 기병대에 의한 중앙 돌파 작전을 시도했더라면 양 날개에 있는 로마 기병대가 제 기능을 하기 전에 로마군에 결정타를 먹일 수 있는 기회를 만들어낼 수 있었을지 모른다.

전술 변화를 꾀하지 않은 것은 한니발이 로마군을 한 수 아래로 보았든지, 이전의 총기를 잃었든지 둘 중 하나 때문일 것이다. 그런데 자마 전투 직전에 한니발이 스키피오에게 강화를 요청한 사실을 보면 로마군을 업신여긴 것은 아님이 분명하다. 따라서 한니발이 총기를 잃었다고 보는 게 맞을 것 같다. 한니발은 오랜 원정으로 심신이 지쳐 있었다. 한니발의 군대는 14년 전과 똑같은 수준이었고 병사들은 노쇠했다. 하지만 로마군은 새로운 무기와 장비를 갖추고 있었고 전술적으로도 발전해 있었다.

자마 전투에서 로마군이 승리하는 것은 예상할 수 있는 결과였다. 사람들은 한니발이 기병의 열세를 미리 인지하고 카르타고 기병대가 로마 기병대를 멀리 유인하는 작전을 썼다고 설명하기도 한다. 즉, 우세한 로마 기병대를 전장에서 이탈시켜서 시간을 벌고 그 시간을 활용해 보병 전투로 승부를 걸었다는 것이다. 그러나 무장을 잘 갖춘 로마 보병의 전투력이 예상을 뛰어넘는 바람에 접전이 벌어졌고 그 사이 카르타고 기병대를 격파하고 돌아온 로마 기병대에 카르타고군이 포위되면서 패전했다는 설명이다.

하지만 이것은 한니발을 미화하고 영웅화하는 관점에서 역사를 서술한 것이라고 판단된다. 왜냐하면 로마 보병의 무장 상태와 전투력을 제대로 평가하지 못한 것도 한니발의 중대한 실책인데 이 부분은 두리뭉실하게 넘어가기 때문이다.

한니발은 자마 전투의 승패에 관계없이 위대한 전략가이자 탁월한 지휘능력을 지닌 명장임이 역사적으로 입증되었다. 굳이 자마 전투까지 미화할 필요는 없다.

성공의 정점을 알아야 한다

어떤 일이든지 항상 잘될 수는 없고 오르막과 내리막이 있기 마련이다. 잘되는 식당을 웃돈을 주고 인수했는데 인수하고 나서 매출이 급격히 줄어드는 바람에 낭패를 보는 사람이 많다. 식당의 전 주인이 매출의 정점culmination point에서 식당을 팔고 빠진 것이다. 잘나가는 식당이 매물로 나오면 합리적인 의심을 갖고 시간을 두고 매출 추이를 들여다본 후 의사결정을 해야 한다.

다선 국회의원이 퇴진해야 할 때 퇴진하지 않고 선거에 출마했다가 체면을 구기는 사례가 가끔 있는데, 이는 성공의 정점을 알지 못하고 내리막에 대비하지 않았기 때문이다.

기업도 성공의 정점을 알고 내리막에 현명하게 대처해야 경영이 합리적으로 이루어지고 계속기업으로 남을 수 있다.

아무리 히트상품이라도 라이프 사이클은 존재하기 마련이다. 따라서 제품별 판매실적 동향을 분석하면서 경쟁력을 잃은 사업 분야를 정리하고 새로운 사업 분야로 다각화하는 노력을 기울이는 기업이 오래 생존한다. 구조조정과 다각화를 추구하는 과정에서는 매출의 정점을 파악하는 것이 중요하다. 매출의 정점에 도달했다는 판단이 서면 서서히 손을 뗄 준비를 하거나, 제품을 업그레이드할 준비를 하거나, 신제품을 도입할 준비를 해야 한다.

선거에도 사이클이 존재한다. 2024년 미국 대통령 선거에서 민주당 해리스 후보는 바이든 대통령이 사퇴하고 전당대회에서 교체후보로 확정된 후 상승세를 탔다. 유명 인사들의 해리스 지지 선언이 줄을 이어 암살 미수 사건 이후 대세를 굳혔던 트럼프 후보를 오히려 앞서 나갔다. 크게 고무된 민주당은 전국단위 방송의 광고를 통해 상승세를 유지하고 대세를 굳히려는 전략을 썼다.

공화당의 트럼프 후보는 해리스 후보가 급격한 상승세를 타고 있는 기간에는 본격적인 네거티브 공세를 하지 않았다. 후보 교체라는 초강수와 흑인 여성 대통령 후보라는 의외의 선택이 복합되어 가져오는 컨벤션 효과가 폭발할 때에는 네거티브 공세를 해봤자 유권자들이 귀를 기울이지 않기 때문이다.

트럼프 후보는 맨투맨식 접촉을 통해 경합 주의 바닥 민심을 훑는 전략을 구사하면서 해리스 후보의 상승세가 정점에 이르기를 기다렸다. 그러다가 해리스 후보의 상승세가 정점을 찍고 기세가 꺾이기 시작할 무렵 대대적인 네거티브 공세를 퍼부어 상황을 역전시켰다.

민주당이 전국단위 방송의 광고에 의존하지 않고 경합 주에 자원을 집중 투입하는 전략을 채택했더라면 선거 결과가 달라지지 않았을까?

군사작전에서도 정점을 잘 파악해야 한다. 적의 공세가 정점에 도달했다고 판단되면 역습의 기회를 노릴 수 있기 때문이다. 소위 공세 종말점은 보급 문제, 예비 병력의 소진 문제 등이 복합적으로 작용해 더 이상 공세를 취할 수 없는 한계점을 의미한다. 공세 종말점에 이르면 공격하는 쪽은 후퇴하여 진열을 정비하면서 적군의 역습에 대비해야 하고, 수비하는 쪽은 여력이 있다면 매서운 역습을 가해 적군의 출혈을 유도해야 한다.

2024년 미국 대통령 선거에서 민주당 후보가 교체된 이후 트럼프 후보가 택한 선거 전략은 군사작전과 비슷한 패턴을 보이고 있어 흥미롭다.

한니발의 정점은 칸나이 전투였다

제2차 포에니 전쟁 중이던 기원전 216년 8월 이탈리아 칸나이 평원에서 벌어진 한 전투에서는 한니발이 이끄는 5만 병력의 카르타고군이 8만 6000명 병력의 로마군을 섬멸하는 일이 있었다.

당시 한니발은 유명한 초승달 진형과 기병대의 양익 포위 작전을 사용했는데, 이 작전은 우세한 보병을 이용하여 중앙을 힘으로 뚫겠다는 로마군의 의도를 간파하고 이를 역이용한 것이었다. 카르타고군 중앙에 있는 보병이 더 속도를 내서 진군해 초승달 모양처럼 진형의 중앙에서 불뚝 튀어나오면 로마군이 카르타고군의 중앙을 돌파하는 데 시간이 많이 걸릴 것이고, 로마군이 카르타고군 깊숙이 들어왔을 때 양 날개에 있는 카르타고군 기병대가 상대적으로 숫자가 적고 실전 경험이 부족한 로마 기병대를 격파하면 로마군을 에워싸서 포위할 수 있을 것이라는 기발한 착상에 기초한 작전이었다.

한니발의 전술은 큰 성공을 거두어 칸나이 평원에서는 전투가 아닌 일방적인 학살이 벌어졌다. 로마군은 중앙을 돌파하기 위해 밀집해 있었는데 후위에 있다가 포위되어 카르타고군의 압박을 받는 로마군까지 더해지면서 움직일 수 있는 공간이 사라졌고 이로 인해 로마군은 전투력을 전혀 발휘할 수 없었기 때문이다.

한니발의 전술은 기동력을 활용한 양익 포위 전술, 망치와 모루 전술로 설명되면서 현대전에서도 무수히 응용되었다. 독일군이 프랑스를 침공할 당시 아르덴숲을 돌파해 영국-프랑스 연합군을 포위망에 가두었던 독일군의 기동작전, 할힌골 전투에서 소련 극동군이 종심작전으로 일본 관동군의 양익을 포위한 작전, 소련군이 스탈린그라드 전투에서 승리를 목전에 둔 독일 제6군의 양 날개를 기습적으로 돌파하여 완전 포위한 천왕성 작전 등이 좋은 예이다.

한니발 장군은 칸나이에서 역사적으로나 전술적으로 한 획을 긋는 결정적인 승리를 거두었지만 크게 얻은 것이 없었다. 로마는 강화협상 가능성이 없는 장기 농성전에 들어갔고 한니발군의 전력은 점차 약화되었다. 한니발군 가운데 카르타고 병력은 일부에 불과했고 한니발군은 이베리아족, 갈리아족, 켈트족, 누미디아족으로 이루어진 다국적 용병집단이 주력 부대 역할을 하는 기형적인 구조였다. 따라서 한니발군이 장기간에 걸쳐 전투력을 유지하는 것은 쉽지 않았다.

카르타고 본국은 한니발에게 지원 병력을 보냈지만 그 수가 충분하지 않아서 이탈리아 본토로 오는 길 중간에 저지되었고 결국 이탈리아 본토로 들어오지 못했다. 한니발은 로마에 결정적인 한 방을 날리지 못한 채 시간을 허비하고 말았다.

그 사이에 전력을 재정비한 로마는 반격의 기회를 노렸다.

로마를 막다른 길로 몰아넣으려면 로마를 포위하여 보급선을 차단하고 고사시키는 작전을 써야 했다. 그런데 한니발은 로마를 포위하자는 부하들의 건의를 받아들이지 않았다. 한니발에게는 로마를 멸망시켜야 한다는 결의만 있었을 뿐, 승리의 정점 또는 공세 종말점이라는 개념은 없었던 듯하다.

한니발이 정점 개념을 갖고 있었다면 칸나이 전투가 끝난 후 향후 행보에 관해 냉정하게 분석하고 더 이상 군사작전을 수행하는 것은 무의미하다는 결론에 도달했어야 했다. 강화협상 등 어떤 형태로든 원정작전을 마감하고 전리품을 거두어 본국으로 철수했어야 마땅했다. 사실 카르타고의 국력을 생각할 때 뛰어난 전술가인 한니발의 개인기와 이민족 용병에 의존해서 로마를 멸망시킨다는 것은 거의 불가능한 과제였다.

이런 점을 잘 아는 로마 지도부는 장기농성전을 통해 한니발 군대와 충돌하는 것을 고의로 회피하면서 한니발 군대의 힘이 빠지길 기다리는 영리한 전략을 구사했다. 한니발이 어정쩡하게 있는 사이에 스키피오가 지휘하는 로마군은 스페인의 카르타고 기지를 먼저 함락한 후 카르타고 본토로 상륙하는 대담한 작전을 실시했다. 그러자 한니발 군대는 이탈리아 반도를 떠나 위기에 빠진 본국을 구하기 위해 허겁지겁 카르타고로 돌아와야 했다.

한니발은 자마 전투에서 스키피오가 이끄는 로마군에 크게 패하고 유랑의 길을 떠났다가 결국 자살로 생을 마감하고 말았다.

히틀러의 정점은 프랑스 점령이었다

1939년 히틀러는 폴란드를 소련과 분할 점령하는 데 이어 1940년 6월에는 프랑스를 점령하는 데에도 성공했다. 기세가 오른 히틀러는 영국도 점령하고 싶어 했다. 그러나 상륙전을 수행할 만한 해군력이 없어 독일 공군의 폭격기 전력에 기대 영국을 굴복시키려 했다. 하지만 예상 외로 강한 영국의 공군력에 막혀 완벽하게 실패하고 공군력만 축내고 말았다.

여기서 히틀러를 포함한 독일군 지휘부는 독일의 국력, 다시 말해 산업 생산능력과 인력 동원능력을 재검토하고 독일이 전쟁을 통해 어떤 추가적인 성취를 이루어낼 수 있는지 냉정하게 분석했어야 했다. 즉, 정점 분석에 돌입했어야 했다. 그러나 그런 분석 없이 냉큼 소련과의 불가침조약을 깨고 소련을 침공함으로써 스스로 목을 죄는 악수를 두고 말았다.

클라우제비츠는 프로이센군의 장군이자 군사학자였다. 그

런데 프로이센군의 계보를 잇는 독일군 수뇌부는 클라우제비츠의 『전쟁론』을 읽지 않았거나 그의 정점 이론을 잘못 이해한 듯하다. 또는 정점 이론을 단순히 전술적인 개념에 국한하여 이 이론을 국가 대 국가의 전쟁이라는 전략 구도에도 적용할 수 있다는 점을 간과했을 수도 있다.

히틀러가 만약 정점을 분석한 후 독일의 국력으로는 더 이상의 군사적 성취를 이루기 어렵다고 판단했다면 연합국 측과 강화협상을 시도했을 것이다. 히틀러가 독일의 영토를 확장하고 적정 수준의 해외 식민지를 확보하는 선에서 프랑스와 폴란드로부터 철수한다는 조건을 제시했다면 연합국 입장에서는 받아들일 가능성이 있었을 것이다.

소련 침공 작전인 바르바로사 작전은 기본적으로 소련군의 전력을 잘못 평가하는 실수에 입각하여 계획되었기 때문에 처음부터 성공 가능성이 낮았다.

우선, 당시 소련군은 독일의 기갑부대 전술보다 더 정교하고 안정적인 기갑부대 전술인 종심작전 이론으로 무장해 있었는데, 독일군은 이런 소련군을 상대로 기갑부대를 이용한 속도전을 적용했다. 하지만 소련은 독일보다 전차 생산능력과 항공기 생산능력이 더 뛰어났으므로 이 방법이 먹히기 어려웠다.

또한 독일군 수뇌부는 현대 전술이론인 종심작전 이론 및 전차, 항공기 같은 현대 무기로 무장한 소련군을 제1차 세계대전 당시 타넨베르크에서 맞붙었던 러시아제국의 군대와 동일하게 생각하는 오류를 범했다.

처음에 독일군 수뇌부는 히틀러의 소련 침공 의지에 환호를 보냈다. 12주 안에 소련군을 궤멸할 수 있다고까지 이야기하면서 상황을 낙관했다. 그러나 냉정한 현실을 마주한 독일군 지휘부는 곧 자신들의 실수를 깨달았다. 독일군 육군참모총장 프란츠 할더는 "우리가 소련군을 과소평가했다. 우리가 소련군 12개 사단을 섬멸하면 그들은 순식간에 12개 사단을 새로 만들어낸다"라며 탄식했다.

잉카 정복전쟁의 정점은 잉카 왕을 생포한 것이었다

1532년 스페인의 프란시스코 피사로는 62명의 기병과 106명의 보병을 이끌고 잉카제국을 정복하겠다는 계획에 사로잡혀 있었다. 이 같은 구상이 터무니없고 현실성이 없었음에도 불구하고 잉카제국의 왕과 신민들이 방심하는 바람에 피사로는 잉카제국을 큰 혼란에 빠트릴 수 있었다. 그 결과 피사로는 스페인이 잉카제국을 정복하는 데서 선봉장 역할을 톡톡히 했다.

잉카를 정복하고자 했던 피사로는 잉카의 왕이 스페인 사람들을 만나러 직접 온다는 전갈을 받고 무척 긴장했다. 피사로가 이끄는 스페인 군인들도 초긴장 상태로 전투 준비 태세를 취했다. 그러나 놀랍게도 잉카 왕과 왕을 수행해서 따라온 수만 명의 잉카인은 모두 비무장 상태였다. 스페인 군대는 아무런 무장도 없이 나타난 잉카 왕을 사로잡는 뜻밖의 행운을 얻었다.

잉카인들은 스페인군의 총포 소리와 금속나팔 소리에 놀라 이리 뛰고 저리 뛰며 대혼란에 빠졌다. 잉카인들은 스페인 군인들이 휘두르는 칼에 마구잡이로 학살당했고 가마를 타고 있던 잉카 왕은 별다른 저항 없이 손쉽게 생포되었다. 피사로는 생포한 잉카 왕을 회유하고 협박해서 왕에게 절대 복종하는 잉카 신민을 움직였다. 이를 통해 막대한 양의 황금을 약탈했는데, 스페인 왕에게 바친 것만 해도 금 1톤이었다.

피사로는 잉카제국에서는 왕을 신처럼 떠받든다는 사실을 파악하고 처음부터 왕을 사로잡아 왕을 이용해 잉카제국의 통치기반을 만들어나갈 심산이었다. 그런데 의외로 쉽게 왕을 사로잡게 되자 피사로는 출세가도에 올랐다. 피사로 군대가 잉카 왕을 사로잡기 전까지는 몇 차례 일방적인 무력 충돌이 있었지만, 피사로 개인의 관점에서 볼 때 승리의 정점은 잉카 왕을 사로잡은 바로 그때였던 것이다.

피사로는 이러한 점을 잘 이해하고 더 이상 잉카 전체를 상대로 전투를 벌이지 않았다. 전투를 치르는 대신 잉카제국 내부의 정치적 역학관계를 이용해 본인의 목적을 달성해 나갔다. 핍박받던 왕족 출신을 새로운 왕으로 옹립하고 새로운 왕의 명령을 통해 스페인이 원하는 것을 얻는 방식으로 한 발 한 발 잉카제국을 무너트렸다.

잉카제국이 무너진 데에는 피사로의 용의주도한 활약이 크게 작용했지만 근본적으로는 유럽인들이 진출하면서 같이 유입된 바이러스에 잉카인들이 속수무책으로 죽어나갔기 때문이다. 천연두와 독감은 잉카인들이 전혀 경험해 보지 못한 새로운 질병이라서 그들에게는 면역력이 없었다. 잉카인들은 병에 걸리는 족족 죽음을 맞이했고 잉카제국의 인구가 격감하면서 스페인 침략자들을 물리칠 힘도 잃게 되었다.

나폴레옹의 정점은 대륙봉쇄령이었다

1806년 11월 유럽 대륙의 패권을 장악한 나폴레옹은 영국의 숨통을 막기 위해 유럽 국가들이 영국과 교역하는 것을 금지하는 대륙봉쇄령을 발표했다. 그러나 근대국가로 탈바꿈하기 위해 산업을 일으키고 있던 러시아 입장에서는 산업혁명의 발상지이자 기술선진국인 영국의 도움이 필요했고 영국으로서는 원재료를 러시아로부터 수입할 필요가 있었다. 이런 이유로 러시아가 대륙봉쇄령을 어기자 나폴레옹은 러시아를 혼내주려고 러시아 원정을 단행했다. 그러나 러시아 원정이 대실패로 끝나면서 나폴레옹은 몰락의 길을 걸었다.

나폴레옹은 굳이 영국 정복을 서두를 이유가 없었고 냉정하게 따져보면 정복할 능력도 없었다. 해군력이 하루아침에 만들어지는 게 아니니 영국과 적당한 선에서 타협하고 시간을 두고 해군력을 기르면 되었다. 그렇기 때문에 대륙봉쇄령은 잘못된 선택이었다.

나폴레옹에게는 기회가 더 있었다. 러시아가 대륙봉쇄령을 어겼을 때 러시아와 전쟁을 하는 것이 올바른 선택인지 신중하게 따져봤어야 했다. 그리고 전쟁보다 대륙봉쇄령을 부분적으로 완화하는 조치, 예를 들면 쿼터 제도나 품목 허가 제도를 도입하는 방안을 검토했어야 했다.

사실 나폴레옹이 유럽을 석권한 것은 프랑스의 국력이 강력했기 때문이 아니라 군사천재 나폴레옹의 개인기에 의존한 바가 컸다. 아찔한 순간도 많았으므로 나폴레옹은 조심스럽게 행보하면서 프랑스의 국력을 더 확실한 수준으로 키울 필요가 있었다. 그리고 이것은 분명히 시간을 두고 달성할 수 있는 목표였다. 그러나 나폴레옹은 이성적인 선택을 하지 않고 감정적인 선택을 했다. 승리의 정점에서 평화적 수단을 선택하지 않고 전쟁을 선택함으로써 내리막길의 기울기를 절벽으로 만들었던 것이다.

프랑스 국민들도 계속되는 전쟁으로 전사자와 부상자가 누적되어 심한 피로감을 느끼고 있었던 터라 러시아 원정은 모든 것을 잃을 수도 있는 도박이었다.

나폴레옹은 승리의 정점을 판단하지 않고 감정이 내키는 대로 전쟁을 일으키는 바람에 어렵게 쌓은 빛나는 업적을 모두 물거품으로 만들고 말았다.

현명한 자는 패배를 설계한다

질 수 밖에 없는 싸움이지만 그냥 물러날 수 없는 경우가 있다. 그럴 때 죽을 때까지 싸울지 아니면 적당히 싸우다가 명분 있게 물러날지 현명한 선택을 해야 한다. 13세기 몽골 군대는 서방 원정에 나섰을 때 끝까지 저항하는 도시는 폐허로 만들고 주민 모두를 처형했지만 빨리 항복하는 도시는 그대로 두었다. 사방에 적이 있는 상황에서는 공포와 관용을 섞음으로써 가능하면 싸우지 않고 이기는 전략을 구사했던 것이다.

청나라를 건국한 홍타이지도 주변의 부족을 정벌할 때 적절한 타이밍에 항복하는 부족은 구성원으로 받아들이고 함께 반명 투쟁에 나서도록 했지만, 끝까지 저항하면 정복한 후 모두 노예로 팔고 그 돈으로 필요한 무기와 화약을 마련했다.

현명한 약자는 패배의 방식도 스스로 냉정하게 설계해야

한다. 적군의 공격을 받았을 때 아군의 대응능력을 평가하고 끝까지 싸워 물리칠 것인지, 싸우다가 적이 피로감을 느낄 때 강화협상을 할 것인지, 싸우지 않고 자치권 보장 등의 조건부 항복을 할 것인지 따져본 후 패배의 방식을 선택해야 한다.

회사에서 사장자리를 두고 두 명의 부사장이 경쟁하는 상황을 생각해 보자. 결과에 따라 한 명은 사장이 되고 한 명은 회사를 떠나야 한다면 끝까지 최선을 다해 경쟁하는 것이 최선의 해법일까? 회사 입장에서 보면 훌륭한 신임 사장을 얻는 것은 좋지만 노련하고 경험 많은 관리자를 한 명 잃는 것이기도 하므로 무조건 좋다고 할 수는 없을 것이다.

이때 두 명의 부사장 중 한 명이 중도에 경쟁을 포기하고 상대방에게 다가가 사장으로 모시겠다고 머리를 숙인다면 상대방도 흔쾌히 받아들일 것이고 둘이 협조해서 회사도 더 키울 수 있을 것이다. 부사장 한 명이 현명한 패배 방식을 설계함으로써 회사와 개인 모두 윈윈할 수 있는 것이다. 패배하는 방식을 잘 설계하면 패배는 패배가 아닐 수도 있다.

겨울전쟁과 핀란드의 선택

핀란드는 12세기 중반부터 스웨덴의 영토였다. 그러다가

1809년부터 제정러시아의 지배를 받았다. 제정러시아가 무너지고 볼셰비키 혁명이 성공하면서 러시아에서는 공산주의를 지지하는 적군과 이에 반대하는 백군 사이에 적백내전이 일어났고, 이 틈을 타 핀란드는 1917년 독립을 선포했다.

핀란드에서도 적백내전이 일어났지만 핀란드에서는 소련과 달리 핀란드인이면서 러시아군 중장 출신인 만네르하임 장군이 지휘하는 백군이 독일의 도움을 받아 승리했다.

스탈린은 제정러시아 시절의 영토를 회복하겠다는 야망을 갖고 있었다. 산업화에 성공하고 군수산업 역량을 확충하자 소련은 발트 3국에 압력을 가해 속국으로 만드는 한편 1939년 11월 핀란드를 침공했다. 소련은 핀란드군의 빈약한 병력 규모나 노후된 장비 수준을 감안할 때 쉬운 싸움일 것이라고 생각하고 전쟁을 시작했다.

하지만 소련군은 핀란드군의 강력한 저항으로 막대한 피해를 입었다. 이듬해 3월까지 계속된 전쟁에서 핀란드군은 병력과 장비에서 절대적으로 열세였지만 700여 년 만에 다시 찾은 독립국가 지위를 지키겠다는 강력한 의지로 똘똘 뭉쳐 용감하게 싸웠다.

특히 러시아군 중장 출신이자 핀란드의 전쟁 영웅 만네르하임 장군은 러일전쟁과 제1차 세계대전에 참전해서 전투 지휘 경험이 풍부했고 핀란드어를 새로 배워야 할 정도로 오랫 동안 러시아 생활을 해서 소련을 잘 이해하고 있었다. 이에 반해 소련군은 스탈린의 대규모 군부 숙청으로 유능한 장군과 고급장교들이 대거 처형됨에 따라 전체적으로 볼 때 지휘관의 역량이 크게 떨어져 있는 상황이었다.

핀란드군은 백색의 설상 위장복과 스키부대를 활용해 매복 기습, 치고 빠지기 등 게릴라 전술을 채택해 소련군을 괴롭혔으며, 소련군 전차에 육탄으로 맞서 화염병 등으로 전차를 파괴했다. 특히 하얀 순백색의 설상 위장복을 입고 눈 위에 숨어 있으면 항공정찰을 통해서도 발견하기가 쉽지 않았으므로 핀란드군 저격수들의 활약이 두드러졌다. 소련군 장병들은 갑자기 총알이 날아와 동료가 쓰러져도 어디서 날아왔는지 파악하기조차 힘든 상황에서 엄청난 스트레스에 시달려야 했다.

핀란드의 지형이 험한 데다 도로 사정도 좋지 않아서 대규모 장비와 병력을 집중 투입하기 어려웠던 것도 전력 열세인 핀란드군에 유리하게 작용했다. 소련군은 30만 명에 달하는 사상자를 내고 1000대가 넘는 전차를 잃고도 핀란군의 방어선인 만네르하임선을 넘지 못하면서 고전했다. 그러다가 1940년 2월에 90만 명의 대군을 동원해 공세를 펼친 끝에 겨우 만네르하임선을 돌파했다.

만네르하임선이 돌파당하면서 전쟁 수행능력이 한계에 부딪힌 핀란드는 아직 전투력이 유지되고 있는 시점에 소련과 모스크바 강화조약을 체결했다. 강화조약에 따라 영토의 일부를 러시아에 떼어주었지만 1940년 6월 소련에 병합된 발트 3국과 달리 독립국가 지위를 유지하는 데 성공했다. 핀란드는 소련군에 악착같이 저항해 싸움에 능한 민족이라는 인상을 주었기 때문에 소련도 체면을 세우는 선에서 지긋지긋한 전쟁을 끝내고 싶어 했다.

핀란드는 1941년 6월 독일이 소련을 침공하자 독일군의 편에 서서 소련을 공격했다. 그 결과 한때 겨울전쟁에서 잃었던 영토를 회복했지만 독일이 패전하면서 다시 소련에 영토를 할양했다. 핀란드는 1948년 소련과 조약을 맺고 소련이 침공당할 경우 지원한다는 안보협력조항을 채택했다. 중립국을 표방했지만 소련의 영향력을 인정한 것이다.

약소국이 인접한 강대국의 영향력을 인정하면서 국익을 양보하되 독립국가 지위를 유지하는 것을 핀란드화Finlandization라고 부르는데, 여기에는 이런 배경이 숨어 있다.

핀란드는 거세게 저항해서 강렬한 인상을 줌으로써 소련에 성가신 존재로 각인되었기 때문에 독립국가의 지위를 유지할 수 있었다. 그리고 전투력이 남아 있는 상태에서 강화협상을 체결함으로써 적이 함부로 지나친 조건을 강요하기 어렵도록 견제했다. 즉, 패배의 방식과 타이밍을 적절히 선택하는 지혜로움을 보여주었다.

핀란드는 2023년 3월 NATO에 가입했는데 우크라이나를 침공하는 러시아를 보면서 아마도 겨울전쟁의 역사를 상기했을 것이다.

중월전쟁과 베트남의 선택

1954년 프랑스군이 디엔비엔푸 전투에서 패배하여 인도차이나 반도에서 완전히 철수하기까지의 과정에서 북베트남은 중국의 도움을 받았다. 북베트남은 1964년 통킹만 사건 이후 베트남에 본격적으로 개입한 미군의 압도적인 화력과 물량공세를 견뎌내며 미군 철수를 이끌어내는 과정에서도 중국의 도움을 받았다.

북베트남은 소련을 비롯한 공산권 국가들의 도움도 받았지만, 국경을 맞대고 있는 중국의 도움은 속도, 품질, 물량을 모두 충족하는 마르지 않는 샘이었다. 중국의 군사원조는 중국의 국공내전이 끝나고 중화인민공화국이 출범하면서 본격적으로 이루어졌다. 중국과 베트남은 형제 이상의 우애를 키우는 것처럼 보였지만, 북베트남 지도자 호치민의 속내는 전혀 달랐다. 호치민이 가슴 속에서 가장 경계한 나라는 바로 중국이었다.

사실 중국과 베트남은 역사적으로 볼 때 그다지 좋은 관계가 아니었다. 중국은 항상 지배자로서 베트남 위에 군림하려 했고 베트남은 독립심이 강해 중국과 늘 긴장관계에 있었다. 공산주의라는 이념으로 묶여 동지관계였지만 중국은 인도차이나 반도에서 자신이 행사해 왔던 전통적인 종주국 지위를 회복하는 데 관심이 있었다.

호치민은 중국의 속내를 꿰뚫고 있었다. 태평양 전쟁이 일본의 무조건 항복으로 끝나자 식민지 종주국 프랑스군이 베트남에 다시 주둔하게 되었고 과거 종주권을 행사하던 중국의 장제스 군대도 베트남에 대규모 병력을 파병했다. 호치민은 연합국들을 움직여 장제스 군대를 베트남에서 몰아내면서도 프랑스군의 주둔에는 호의적인 반응을 보였다.

호치민의 부하들이 이해하기 어려운 선택이라는 반응을 보이자 그 이유를 호치민은 이렇게 설명했다. "중국은 영토 야심이 있기 때문에 이번에 온 중국군은 제 발로 걸어 나가지 않을 것이다. 그런데 베트남 혼자의 힘으로는 절대로 중국을 떼어내지 못하니 이번 기회에 연합국과 협의해 연합국의 힘을 빌려 중국을 내쫓아야 한다. 반면 프랑스는 너무 멀리 떨어져 있기 때문에 나중에 합심하면 프랑스군을 몰아낼 수 있을 것이다."

호치민은 본인의 임종이 다가오자 핵심 부하들을 모아놓고 자신의 사후 권력승계 구도를 정했다. 즉, 핵심 부하들로부터 권력 서열을 정하면 무조건 따른다는 충성 맹세를 받았다. 자신이 죽은 후 있을지 모를 정치적 혼란의 가능성을 원천 차단했던 것이다. 중국은 언젠가 반드시 베트남의 영토를 넘볼 테니 국경지역의 방어태세를 단단히 챙길 것도 주문했다.

전통적으로 인도차이나 반도는 태국과 베트남이 라이벌 구도를 이루었는데, 라오스는 태국의 영향을 많이 받았고 캄보디아는 베트남의 영향을 많이 받았다. 1975년 4월 캄보디아에 폴 포트 공산정권이 들어서고 킬링필드로 알려진 무자비한 살육이 발생했다. 이 과정에서 베트남계 캄보디아인들이 핍박을 받자 베트남군이 캄보디아를 침공했다. 1979년 1월 캄보디아 수도 프놈펜을 점령한 베트남군은 폴 포트 정권을 붕괴시키고 친베트남 정권을 수립했다.

역사적으로 베트남에 종주국 행세를 했던 중국은 이러한 혼란기에 뒷짐을 지고 있지 않았다. 중국은 이 혼란기가 인도차이나 반도에서 중국의 영향력과 위상을 정립할 수 있는 결정적인 기회라고 생각했을 가능성이 높다. 중국이 베트남을 굴복시키면 베트남, 캄보디아, 라오스를 모두 중국의 보호령 수준으로 장악할 수 있을 것이기 때문이다.

1979년 2월 베트남군이 캄보디아로 진군하여 베트남 전력에 공백이 생기자 이를 틈타서 호치민의 예언대로 최소한 20

만 명이 넘는 대규모의 중국군이 베트남을 침공했다. 그러나 중국군은 예상보다 강력한 베트남군의 저항에 직면해 많은 사상자를 냈고 결국 철수할 수밖에 없었다.

중국-베트남 국경지대에 배치된 베트남 정규군의 병력은 침공한 중국군 병력보다 적었지만 정규군 이외에 민병대 형식의 전투부대가 존재했다. 민병대는 겉으로는 평화로운 촌락처럼 보였지만 정규군 못지않은 조직체계와 전투력을 보유하고 있었다. 중국이 이 민병대의 존재를 간과했다가 한 방 크게 얻어맞은 것이었다. 이 민병대는 중국군의 침공에 대비하라는 호치민의 유지를 현실화한 비밀병기였다. 중국군은 강력한 베트남군의 저항에 직면해 악전고투했으며 사실상 포위된 상태에서 많은 사상자를 냈다.

그렇지만 겉으로 드러난 외교적 수사는 중국군의 승리였다. 중국은 "베트남을 교화할 목적으로 침공했는데 이제 교화가 이루어졌으므로 철군하겠다"라는 취지의 메시지를 내고 철군했고 베트남군은 철수하는 중국군에 퇴로를 열어주었다.

베트남은 중국에 영원히 등을 돌릴 수 없는 약한 위치에 있으므로 중국군에 만만치 않은 전투력을 보여주되 끝까지 싸울 수는 없는 숙명을 이해하고 상황을 현명하게 풀어나갔던 것이다.

아마도 추정컨대 호치민과 베트남 지도자들은 핀란드의 사례를 염두에 두고 중국과의 제한전 시나리오를 미리 설계하고 대비했을 가능성이 크다.

호치민은 베트남 전쟁 당시 미군과의 전투를 위해 중국과 군사원조를 협의해야 할 때면 허름한 옷차림으로 중국을 방문했고 고개를 빳빳하게 들지도 않았다. 그렇지만 속으로는 중국을 크게 경계했다. 중국의 군사원조를 받으면서도 중국군 군사고문단이 베트남에 주둔하는 것을 한사코 허용하지 않았다.

약소국가의 지도자가 어떻게 처신해야 하는지 모범의 진수를 보인 인물이 호치민이다. 호치민은 지도자 개인의 자존심은 민족의 자존심 앞에서 아무 의미가 없다는 신념으로 민족의 명예를 위해 자신을 최대한 낮출 줄 아는 진정한 지도자였다.

하노이시에 있는 호치민의 묘지에 항상 많은 베트남 국민들이 참배하면서 호치민에 대한 존경과 사랑을 표현하는 데에는 그럴 만한 충분한 이유가 있다. 오늘날 베트남 사회주의 민주공화국이 독립국가이자 통일국가로 존재할 수 있는 주춧돌을 놓은 사람이 호치민이기 때문이다.

각자 추구하는 이념에는 차이가 있을지 모르지만 위대한 지도자의 행동양식에는 차이가 있을 수 없다.

때로는 운이 좌우한다

지난밤에 좋은 꿈을 꾸고 복권을 샀더니 1등에 당첨된 엄청나게 운이 좋은 사람이 있는가 하면, 1등에 당첨된 복권을 잃어버려 황금 같은 기회를 날리고 만 운이 아주 따르지 않는 사람도 있다.

용장勇將보다는 지장智將이 한 수 위이지만 지장도 복장福將에게는 못 당한다는 말이 있듯이 때로는 운이 결정적인 역할을 하기도 한다. 그렇기 때문에 사주팔자 얘기가 나오고, 점성술이 나오고, 풍수지리설이 나오는 것이다.

한국 선수가 LPGA 메이저 대회에서 우승하는 경기를 중계방송으로 본 적이 있는데 마지막 날 경기에서 30m 거리에서 친 칩샷이 두 번이나 홀 컵으로 들어갔다. 또 다른 한국 선수는 다른 메이저 대회의 마지막 날 마지막 홀에서 불과 30cm

거리의 짧은 퍼트를 실패했고 연장전으로 끌려가 우승을 놓치고 말았다. 흥분해서 너무 힘을 주었는지 툭 때린 공이 뱅글뱅글 돌다가 튀어 나왔다.

두 사례는 논리적으로 설명하기 쉽지 않다. 골프에서 홀인원은 어렵다. LPGA 명예의 전당에 입성한 골프 전설 박세리 선수도 선수 시절 단 한 번도 홀인원을 기록하지 못했다. 주변의 지인들 중에는 홀인원을 했더니 갑자기 예상치도 않은 행운이 왔다고 얘기하는 사람도 있다. 홀인원을 하고 갑자기 행운이 깃드는 과정은 논리적으로 설명할 수 있는 일이 아니다. 논리와 인과관계를 넘어서는 그 무언가라서 명쾌하게 정의하기가 쉽지 않다.

고등고시 합격자 수를 보아도 관운이라는 것이 있기는 있나 보다 하는 생각이 든다. 한 해에 수십 명 단위로 뽑아 바늘구멍을 통과하는 것처럼 합격하기 어려웠다가 갑자기 수백 명 단위로 뽑는 해에 응시하면 상대적으로 수월하게 고위관직에 진출하게 되니 운이 작용한다고 볼 수밖에 없다.

필자도 정부 수립 이래 최대 합격자 수를 기록한 행정고시 22회에 합격했다. 그해에 무려 250명을 뽑았는데, 많아야 한 해에 100명 정도 뽑던 시절이어서 250명은 거의 깜짝쇼 수준이었다. 행정고시 22회는 숫자가 많다 보니 서로 잘 도왔고 정보 교환이 원활해서 업무를 처리하는 데에도 유리했다. 그렇기 때문에 다른 기수에 비해 고위직이 월등히 많이 배출되었다.

전투의 승패도 가끔은 운에 의해 결정된다. 군사 전문용어로는 이것을 '힌지 팩터Hinge Factor'(전환요소)라고 하는데 어쩔 수 없는 우연적인 요소가 전투의 승패에 결정적인 영향을 미치는 현상을 설명하는 데 쓰인다.

테르모필레 전투의 꼽추

기원전 480년 크세르크세스 페르시아 왕이 대규모의 육군과 해군을 거느리고 그리스를 침공했을 때 스파르타 왕 레오니다스는 스파르타 시민군 300명과 다른 도시 시민들로 구성된 연합군을 지휘하여 테르모필레 협곡에서 방어전을 치렀다. 테르모필레 협곡은 마차 하나가 겨우 지나갈 수 있는 곳이어서 페르시아 전차부대가 아무런 역할을 할 수 없었고, 페르시아 전투력의 핵심인 기병대를 동원하기도 어려운 지형이었다.

따라서 크세르크세스는 보병을 동원할 수밖에 없었는데 기병부대와 전차부대를 주로 활용하는 페르시아군의 전술에 따라 페르시아군의 보병은 경무장 보병이었다. 그러나 그리스군은 보병이 주력이니만큼 두꺼운 갑옷과 방패로 무장한 중무장 보병이어서 보병끼리의 전투에서는 그리스군이 압도적으로 유리했다. 크세르크세스가 전투력이 뛰어난 근위부대까지 투입했는데도 결과는 마찬가지였다. 궁병부대의 화살로 공격할 수도 있었겠지만 지형상 고지대에 위치한 그리스군에 타격을 주기 어려웠다.

교착상태에 빠져 페르시아군의 희생만 늘어나는 상황에서 크세르크세스에게 하늘이 내린 행운이 찾아왔다. 그리스인 꼽추가 찾아와 테르모필레 협곡을 우회할 수 있는 샛길이 있다고 알려주었던 것이다. 테르모필레에 있는 그리스군을 격멸할 수 있는 카드를 손에 쥔 크세르크세스는 대군을 샛길로 보내 격렬히 저항하는 레오니다스 왕과 스파르타 시민군을 전멸시켰다.

레오니다스 왕이 샛길로 들이닥친 페르시아 군대를 마주하고도 후퇴하지 않은 것은 전술상의 이유였다고 판단된다. 자신을 따라온 다른 도시 출신의 장병들이 안전한 지역으로 후퇴할 수 있는 시간을 벌어줄 필요가 있었기 때문이다. 즉, 후퇴할 때 추격에 나설 페르시아 기병대를 따돌릴 수 있는 시간을 벌어줄 후위부대가 필요했으므로 의리상 스파르타에 동조한 다른 도시 장병들을 먼저 보내고 남아서 후위부대 역할을 했던 것이다.

샛길의 존재를 알려준 그리스인 꼽추는 먼저 레오니다스 왕에게 찾아가 자신이 창을 능숙하게 쓰는 모습을 보여주고 자신도 그리스인으로서 전투에 참여하고 싶다고 요청했다. 레오니다스는 꼽추가 괜찮은 무예실력을 갖추고 있긴 했지만 부상자를 돌보고 시체를 치우는 비전투요원으로 참여하라고 권유했다. 꼽추라서 체격이 왜소했기 때문이다. 그리스 보병의 장기인 팔랑크스 방진을 만들려면 체격이 비슷한 병사들이 대형을 이루어야 해서 꼽추가 끼기 어려웠다.

레오니다스는 나름 배려한 것이었지만 심한 모욕감을 느낀 꼽추는 원한을 품고 크세르크세스 왕을 찾아갔다. 그야말로 크세르크세스 왕에게는 생각지도 못한 행운이 깃들었던 것이다. 이 우연적 요소에 의해 크세르크세스 왕은 희망이 보이지 않던 어려운 난관을 극복할 수 있었다.

워털루에 없었던 베르티에 원수

루이 알렉상드르 베르티에Louis-Alexandre Berthier 원수는 나폴레옹의 참모장으로 나폴레옹이 빛나는 승리를 거두었던 전장에서 늘 나폴레옹 곁을 지키며 나폴레옹을 훌륭하게 보좌했다. 베르티에는 지휘관 경력은 거의 없고 참모 역할을 주로 했지만 참모로서는 유럽 제일이라는 평가를 받았다.

베르티에는 쉴 새 없이 쏟아내는 나폴레옹의 지시를 정확히 이해하고 나폴레옹이 의도하는 바를 정확히 구현해 내는 데서 타의 추종을 불허했다. 어떤 때는 나폴레옹의 다음 지시를 예측하고 미리 준비하는 기민성을 발휘했다. 예를 들면 나폴레옹이 투입하고자 하는 부대에 미리 출발 준비 상태로 대기하라는 지시를 내리기도 했다. 시간을 다투는 전장에서 한 발 앞서 나갈 능력을 갖추고 있었던 것이다.

나폴레옹이 워털루 전투에서 패배한 원인에 대해서는 여러 가지 분석이 제기된다.

첫째 이유로는 전투 전날 밤에 비가 와 길이 진창이 되어서 대포를 움직이고 배열하는 데 평소보다 많은 시간이 걸렸던 사실을 든다. 개전 시간이 4시간이나 늦어지면서 프랑스군은 프로이센군이 그루시 부대를 따돌리고 영국군에 합류하기 전에 영국군을 격파하지 못했다. 영국군이 고전하고 있었기 때문에 4시간이라는 시간이 더 주어졌다면 영국군은 프랑스군에 무너졌을 것이고 프로이센군도 나폴레옹의 본대와 그루시 부대 사이에 끼어 압박을 받아 결국 전투를 포기하고 항복할 수밖에 없었을 것이다.

둘째 이유로는 네 원수가 기병대를 이끌고 돌격하여 영국군 포병진지를 점령했을 때 보병부대를 동행하지 않았다는 사실을 든다. 이 때문에 네 원수는 영국군 기병대의 반격을 받아 퇴각했고 아무런 성과도 없이 기병 전력만 축냈다는 것이다.

셋째 이유로는 나폴레옹이 3만 3000명의 병력을 이끌고 프로이센군을 추격하던 그루시 원수와 연락이 닿지 않아 그루시 원수를 워털루 전장에 합류시키지 못한 점을 든다.

그리고 끝으로, 네 원수가 중앙 돌파를 목전에 두고 마지막 일격을 위해 보병 대대를 더 보내달라고 요청했을 때 나폴레옹이 이를 거절하는 바람에 승기를 놓쳤다는 점을 든다.

베르티에 원수는 워털루 전투가 개시되기 2주 전에 자택에서 갑자기 죽음을 맞이했다. 이로 인해 워털루에서는 술트 원수가 나폴레옹의 참모장을 맡았다. 술트 원수는 윗사람의 눈치를 많이 보는 스타일이었다. 아우스터리츠 전투 당시 장군들끼리 의기투합해서 나폴레옹에게 철수를 건의하자고 뜻을 모았지만 술트 원수는 정작 나폴레옹 앞에 가서는 입장을 바꿔 끝까지 싸우겠다고 말해서 동료 장군들의 빈축을 사기도 했다.

만약 베르티에가 살아 있었다면 위에 제시된 네 가지 이유가 모두 무력화되었을 것이다. 베르티에라면 지난밤과 새벽에 비를 맞으면서 미리 대포를 움직여 놓아 개전 시간을 맞추었을 것이다.

베르티에가 참모장을 맡았으면 보병 출신인 술트가 총사령관이 되었을 것이므로 네 원수가 포병진지로 돌격하는 작전 자체를 승인하지 않았을 것이었다. 승인했더라도 반드시 보병부대와 함께 움직이도록 지시했을 것이다.

베르티에라면 그루시 부대를 찾아내는 데 승부가 걸려 있다는 점을 직감하고 그루시 부대를 반드시 찾아냈을 것이다. 술트는 고작 장교 1명을 보내 그루시 부대를 찾으라고 했는데 그 장교가 도중에 영국군에 사살되었다. 나폴레옹은 "베르티에라면 20명의 장교를 풀어서 그루시를 찾으려고 했을 것"이라며 몹시 아쉬워했다.

또한 네 원수가 보병 지원을 요청했을 때 기병돌격 실패로 격앙되어 있던 나폴레옹이 홧김에 이를 거절했는데 예스맨인 술트는 이 광경을 지켜보기만 했다. 하지만 베르티에가 있었다면 천재일우의 승전 기회임을 인식하고 나폴레옹을 간곡히 설득했을 것이다.

더 중요한 포인트는 워털루 전투의 전초전 격인 리니 전투에 베르티에가 있었다면 프로이센군이 재기불능의 타격을 입고 궤멸되어 워털루로 올 일이 없었을 것이다. 리니 전투에서 프랑스군은 프로이센군을 매섭게 격파했다. 블뤼허 사령관이 잠시 행방불명될 정도로 혼비백산된 프로이센군을 곧바로 맹추격해서 전과를 확대했다면 프로이센군은 항복하는 길밖에 답이 없었다.

그런데 웬일인지 나폴레옹은 평소답지 않게 추격명령을 바로 내리지 않았다. 나폴레옹이 잠시 방심한 틈을 타 프로이센군은 병력을 수습해 전열을 재정비하고 워털루로 진격할 수 있는 시간을 벌었다. 베르티에가 리니 전투 현장에서 나폴레옹 곁을 지켰다면 절대로 일어날 수 없는 실수였다. 베르티에라면 나폴레옹의 명령을 기다리지 않고 본인이 바로 추격 명령을 내렸을 것이다.

베르티에의 갑작스러운 죽음은 나폴레옹에게는 재앙이었지만 프로이센군과 영국군에는 행운이었다. 베르티에는 중립을 지켰으므로 베르티에가 살아 있었더라도 워털루 전투에 합류하지 않았을 가능성도 제기되지만 나폴레옹과의 신뢰관계를 볼 때 살아 있었다면 나폴레옹의 간곡한 요청과 설득으로 아마도 워털루 전투에 참전했을 것이다.

미드웨이 해전의 변곡점: 노틸러스와 아라시의 숨바꼭질

미드웨이 전투가 본격적인 항공모함 전투의 형태로 전개되기 시작할 무렵 미군 잠수함 노틸러스가 일본 함대 중앙에 위치해 전함 키리시마를 노리고 있었다. 노틸러스는 어뢰를 발사했지만 어뢰의 속도가 느려 키리시마가 회피기동으로 피해서 어뢰에 맞지 않았다. 이후 노틸러스는 폭뢰 공격을 피해서 후퇴한 뒤 대담하게도 다시 일본 함대로 접근하여 이번에는 항공모함 소류를 노렸다.

일본 구축함들의 견제로 어뢰 공격에 실패한 노틸러스는 일본 구축함 아라시의 맹추격을 받으며 생과 사의 갈림길에서 도주를 거듭했는데 다행히 아라시가 추격을 포기했다. 본대에서 너무 멀리 떨어져 나왔기 때문이다.

한편 일본 항공모함을 공격하는 미군 어뢰공격기들은 일본 함대의 방공포와 제로센 전투기의 활약으로 전과를 올리지 못하고 있었다. 이런 상황에서 항공모함 엔터프라이즈의 돈틀리스 급강하 폭격기 편대가 근처 해역에 도착했다. 그러나 정찰기가 보고한 해역에는 일본 함대가 없었다.

편대 지휘관 클래런스 매클러스키Clalence W. McClusky 소령은 난감했다. 연료도 반밖에 남지 않아 돌아가야 할 상황이었지만 조금 더 수색하기로 했다. 그때 매클러스키 소령은 아래에서 일직선의 흰 물결이 이는 것을 목격했다. 잠수함 노틸러스에 대한 추격을 포기하고 일본 함대로 귀환하는 구축함 아라시였다.

매클러스키 소령은 아라시를 쫓아가기로 결정하고 아라시를 따라 비행하던 중 마침내 일본 항공모함 전대를 발견했다. 이때 마침 항공모함 요크타운에서 발진한 어뢰공격기들이 일본 항공모함을 공격하고 있었다. 그러자 일본 함대 상공을 호위하던 제로센 전투기들이 저고도로 비행하는 미군 어뢰공격기들을 요격하러 저고도로 내려갔고, 이로 인해 일본 함대의 상공이 텅 비어 있었다.

미군 급강하 폭격기 편대에는 천재일우의 기회였다. 일본 호위 전투기들의 아무런 견제 없이 일본 항공모함을 공격할 수 있는 시간을 확보했던 것이다.

이 운명의 5분 동안 일본 항공모함 4척 중 3척, 즉 카가, 아카기, 소류가 돈틀리스 급강하 폭격기의 1000파운드 폭탄을 맞고 격침되었다. 나머지 1척의 항공모함 히류는 함재기를 동원해 항공모함 요크타운을 침몰시키는 전과를 올렸지만 히류는 딕 베스트 대위가 이끈 돈틀리스 급강하 폭격기 편대의 공격을 받고 침몰되었다.

이렇게 미드웨이에 출동한 일본 항공모함 4척이 모두 격침되면서 미드웨이 해전의 승부는 미군의 압승으로 끝났다.

연료 부족으로 바다에 불시착할 각오를 하고 아라시를 미행하던 매클러스키 소령의 동물적인 감각이 빛을 발하고 태평양 전쟁의 흐름이 바뀌는 순간이었다. 노틸러스의 대담한 공격, 아라시의 노틸러스 추격과 귀환, 매클러스키 소령의 동물적 감각, 때 맞춰 도착한 어뢰공격기들 때문에 제로센 전투기들이 저고도 비행을 하며 함대 상공을 비운 점 등의 우연이

어우러져 미드웨이 전투의 향방을 결정했다.

물론 미군이 암호 해독을 통해 일본군의 미드웨이 공격계획을 미리 파악했고 일본군 지휘관들이 오판을 했기 때문에 전체적으로 미군이 유리한 상황에서 전투를 수행하긴 했다. 하지만 만약 매클러스키가 일본 항공모함 전대를 발견하지 못하고 빈손으로 돌아갔다면 야마모토 제독이 미군의 매복에 걸렸다는 사실을 깨닫고 신속히 퇴각했을 수도 있다. 아니면 일본이 항공모함 4척의 함재기를 총동원하여 미군 항공모함에 역습을 가해 미군 항공모함들이 먼저 격침되었을지도 모른다.

본인의 안위를 돌보지 않고 임무를 수행한 용감한 미군에 행운이 깃든 것이 승리의 원동력이었다.

계획은 사람이 하지만 성패는 하늘에 달려 있다

호로곡 전투는 정사에는 나오지 않고 『삼국지연의』에만 나오는 전투이다. 아마도 제갈량의 출중한 역량을 극적으로 묘사하기 위한 허구일 가능성이 있지만 워낙 많이 알려져 있는 이야기이므로 짧게 소개한다.

제갈량은 싸움을 회피하는 사마의 부자를 끌어내 협곡인

호로곡으로 유인해 가두고 화공을 가했다. 호로곡 안에는 이미 공명이 마른 풀, 유황, 기름 등 불이 잘 붙는 것들을 쌓아놓아서 불길이 걷잡을 수 없이 번져나갔고 사마의 부자는 꼼짝없이 타죽게 되었다. 이때 갑자기 하늘에 먹구름이 끼더니 소나기가 내리기 시작했고 불은 꺼졌다. 이것을 보고 제갈량이 "일을 꾀하는 것은 사람이지만 일을 이루는 것은 하늘에 달려 있다謀事在人 成事在天"라며 한탄했다고 한다. 서양에도 비슷한 속담으로 "인간은 일을 계획하지만 신은 성패를 가른다Man Proposes, God Disposes"라는 말이 있다.

1815년 워털루 전투에서 네 원수가 이끄는 프랑스군 기병대는 영국군 포병진지로 돌격하여 그곳을 점령했다. 그러나 기병대를 보호할 보병부대를 동행하지 않은 탓에 영국군 기병대의 반격을 받아 퇴각했다. 더욱 안타까운 것은 영국군 포병진지에서 후퇴할 때 긴 못이 없어서 대포를 망가트리지 못하고 그냥 나온 것이었다.

일반적으로 기병 중 일정 비율의 병사는 긴 못을 휴대하는데, 긴 못을 대포 머리에 박으면 대포를 못 쓰게 할 수 있기 때문이다. 그러나 포병진지에 도착한 기병 가운데 못을 휴대한 자가 없었다. 못을 휴대한 기병은 돌격 과정에서 영국군의 포탄에 모두 희생되었던 것이다. 장교들이 못을 가진 기병이 있느냐고 큰 소리를 질러댔지만 아무런 응답이 없었다.

논리로는 설명하기 어려운 기막힌 우연이다. 긴 못을 대포 머리에 박아 대포를 못 쓰게 했다면 영국군의 포병화력이 무력화되어 프로이센 군대가 워털루에 도착하기 전에 영국군이 무너지고 프랑스군이 승리했을 것이었다.

13세기 후반 원나라의 쿠빌라이 칸은 일본을 정복하기 위해 남송과 고려의 선박과 병사를 동원했다. 당시의 함대는 함선의 숫자가 4000척이 넘는 대규모였다. 그러나 이 함대는 때마침 불어 닥친 태풍으로 전멸에 가까운 피해를 입었고 원나라의 일본 침공계획은 실패로 끝났다. 일본 사람들은 이 태풍을 신이 보내준 바람, 가미카제神風라고 불렀다.

최중경

어렸을 때부터 역사에 관심이 많았다. 교실에서 가르치는 한국사의 내용에 논리적 허점이 많은 점에 주목하고 역사를 올바르게 알려주기 위한 작업의 토대를 마련하기 위해『역사가 당신을 강하게 만든다』,『잘못 쓰인 한국사의 결정적 순간들』을 출간했다.
세계은행 이사, 필리핀 대사, 경제 관료, 개발경제학 박사로서의 경험을 바탕으로 한국 경제발전의 성공 동력에 관한 책『청개구리 성공 신화』를 썼으며, 미국 헤리티지재단의 방문 연구위원 경력을 바탕으로 대한민국 안보의 현안 과제를 살펴본『워싱턴에서는 한국이 보이지 않는다』를 펴냈다.
『청개구리 성공 신화』의 영문판 *Korea's Economic Development: Upside Down Success Story*는 이라크 정부가 아랍어로 번역했는데, 한국에서 발간된 전문서적을 자발적으로 아랍어로 번역한 보기 드문 사례이다. 강원도 원주와 인제에서 3년간 육군 초급장교로 복무했다.

전쟁에서 배우는 인생 전략
내 삶을 바꾸는 인생역전의 지혜

지은이 최중경
펴낸이 김종수
펴낸곳 한울엠플러스(주)
편집 신순남

초판 1쇄 인쇄 2026년 1월 5일
초판 1쇄 발행 2026년 1월 30일

주소 10881 경기도 파주시 광인사길 153 한울시소빌딩 3층
전화 031-955-0655
팩스 031-955-0656
홈페이지 www.hanulmplus.kr
등록번호 제406-2015-000143호

Printed in Korea.
ISBN 978-89-460-8426-1 03320(양장)
978-89-460-8427-8 03320(무선)

※ 책값은 겉표지에 표시되어 있습니다.